Niveau débutant

Exer

GW00497745

Vocabulaire expliqué du français

Reine Mimran

CLE
INTERNATIONAL
www.cle-inter.com

Édition : Marie-Christine COUET-LANNES
Illustrations : Dominique BILLOUT
Couverture : Laurence DURANDEAU

© CLE International-2005
ISBN : 2-09-033137-2

AVANT-PROPOS

Ce cahier d'exercices accompagne le *Vocabulaire expliqué du français*, niveau débutant.
Il reprend très précisément le principe et le plan adoptés dans le *Vocabulaire*. Ainsi nous avons :
1re partie : **On forme les mots :** *les préfixes, les suffixes, les mots composés ;*
2e partie : **On comprend les mots :** *les antonymes, les synonymes, les homonymes ;*
3e partie : **On entre dans la langue :** *les mots en contexte, les expressions idiomatiques, les sigles, les onomatopées, le langage familier.*

Il reprend également le lexique abordé dans chacun des textes qui constituent le *Vocabulaire expliqué*. Cependant, il peut être utilisé par des étudiants qui ne possèdent pas ce manuel. En effet, nous avons évité tout renvoi systématique au *Vocabulaire*. Le lexique utilisé dans le cahier d'exercices est en principe à la portée de n'importe quel étudiant débutant ayant des notions élémentaires de français.

• Les exercices sont variés : des exercices à trous, des exercices de transformations, de substitutions ; des mots croisés, des recherches à mener dans les dictionnaires, des charades…

• Pour augmenter le nombre de mots vus et appris par les utilisateurs de ce cahier, nous avons introduit une rubrique qui s'intitule : **On découvre d'autres mots.** Cette rubrique ne rentre pas dans le plan de l'ouvrage et ne s'attache pas aux *préfixes, suffixes,* etc. Elle donne à l'étudiant l'occasion de découvrir des termes qui appartiennent à une langue simple et quotidienne. Par exemple, *rideaux, fauteuils, étagère, plage, musicien, trottoir, journal / journaux,* etc.

• Par ailleurs, nous proposons un nouveau type d'exercice que nous avons appelé : **Et maintenant parlons un peu.** Cet exercice a pour but d'inciter les étudiants trop timides ou ceux qui ne se sentent pas assez sûrs de leurs connaissances, à utiliser, malgré tout, la langue dans sa forme orale.
Voici un exemple : *C'est le matin, il est 5 heures / 7 heures / 10 heures. La mère ouvre / ferme les rideaux et réveille son enfant. C'est l'heure d'aller au jardin / au cinéma / à l'école.*
Devant ces différentes propositions, l'étudiant peut choisir en s'appuyant sur le contexte :
Il est 7 heures du matin. La mère ouvre les rideaux et réveille son enfant. C'est l'heure d'aller à l'école.
Certes, on pourrait regretter la forme un peu figée de ce type d'exercices, mais elle est inévitable dans la mesure où on veut donner à l'étudiant un cadre à l'intérieur duquel il pourra s'exprimer plus librement. L'important, c'est d'offrir à l'élève un point de départ, l'impulsion première.

• Quelques dessins viennent apporter à l'ouvrage une note humoristique ou réaliste.

SOMMAIRE

TROISIÈME PARTIE

ON ENTRE DANS LA LANGUE

1. ON FORME LES MOTS

1 • Ces petits mots, ces quelques lettres qui changent tout : les préfixes

• Le préfixe dé-

1. Voici 4 verbes. Observez ces verbes et soulignez la différence.

coiffer, faire.
décoiffer, défaire.

2. Soulignez le préfixe (ce petit mot, ces quelques lettres placées avant le mot base).

déplacer, déranger, déshabiller.

3. Entourez le mot base.

Ex. : dé(peigner).

déplier, desserrer, désordre, décharger.

4. Cherchez, dans un dictionnaire, le sens de ces mots.

Ex. : *déplacer = ne pas laisser à sa place, changer de place.*

déboucher, défaire, dégonfler, déranger, déshabiller.

5. Récrivez la phrase en remplaçant le mot souligné par son contraire au moyen d'un préfixe négatif.

Ex. : *La mère habille sa petite fille.* → *La mère **déshabille** sa petite fille.*

1. Elle range les pulls et les pantalons.

....

2. Elle est prête, elle est coiffée, peignée.

Elle n'est pas prête,...

3. Le matin, elle fait son lit.

Le soir, elle...

4. Il place ses crayons et ses stylos, sur le bureau.

Elle .... les crayons et les stylos.

5. La casquette est à la mode.

La casquette est ....

6. Vous êtes curieux ? Alors prenez vos dictionnaires !

– Sur le verbe « peigner » cherchez le nom de l'objet que j'utilise pour peigner les cheveux.

....

– **Sur le verbe « coiffer » cherchez :** **a.** le mot qui indique la façon dont les cheveux sont coiffés.

b. le nom de la personne qui coiffe les gens.

....

– **Sur le verbe « placer » cherchez le mot qui indique l'endroit qu'une personne ou qu'une chose occupe.**

....

– **Vous êtes courageux ? Alors prenez vos stylos !**
Faites une phrase avec chacun de ces quatre mots.

....

....

....

....

7. On découvre d'autres mots.

Complétez les phrases.

Je suis dans l'eau. Je suis dans une baignoire. Je prends un ....

On **les** tire le matin. On **les** accroche aux fenêtres. Qu'est-ce que c'est ?

....

On **les** porte aux pieds. Qu'est-ce que c'est ?

....

Quel est le petit déjeuner d'une petite fille ?

....

Je travaille dans une maison, dans une famille française pour payer une chambre.
Je suis une ....?

Ce ne sont pas des chaises. Ils ont deux bras. Qu'est-ce que c'est ?

....

8. Et maintenant parlons un peu !

Répondez oralement en utilisant la réponse qui vous semble la plus correcte.
Puis, reliez bien les phrases. Évitez les répétitions.
(Vous utiliserez des pronoms, vous utiliserez aussi des mots de liaison : *et, mais, puis, parce que..., quand...*).

Une journée de la vie ordinaire
C'est le matin, il est 5 heures / 7 heures / 10 heures. La mère ouvre / ferme les rideaux et réveille son enfant.

....

C'est l'heure d'aller au jardin / au cinéma / à l'école ?

....

•••

...

C'est le matin, la mère habille / déshabille son enfant.

....

La mère coiffe / décoiffe l'enfant.

....

Dehors, le vent souffle et coiffe / décoiffe les passants.

....

C'est le soir, la mère habille / déshabille l'enfant, elle fait / défait le lit, elle ouvre / ferme les rideaux.

....

• Le préfixe dé- (suite)

9. Soulignez le préfixe.

déplier, désordre, desserrer.

10. Donnez le contraire des mots soulignés.

1. J'<u>accroche</u> un tableau au mur.

.... le tableau du mur.

2. L'automobiliste <u>attache</u> sa ceinture de sécurité.

....

3. Il <u>serre</u> la ceinture.

....

4. Elle <u>plie</u> sa serviette.

....

11. Mots croisés.

Horizontalement

2. Je peigne mes cheveux le matin, mais dehors, le vent me…

6. C'est le contraire de « placer ».

8. Synonyme du 2 horizontal.

10. Ce pantalon n'est plus à la mode, il est…

12. C'est le contraire de « détacher ».

Verticalement

II. Le déjeuner commence, je … la serviette.

VII. Les livres sont sous la chaise, les crayons sont sur le sol, les disques sur le lit, la chambre est en…

X. C'est le contraire de « faire ».

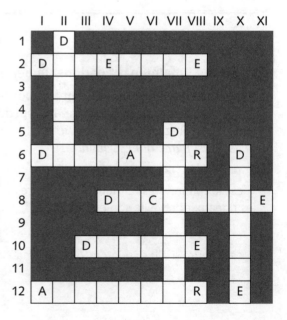

8

12. On découvre d'autres mots.

1. Cochez la ou les bonnes réponses.

1. Je suis
   - ❑ **a.** dans la douche.
   - ❑ **b.** sur la douche.
   - ❑ **c.** sous la douche.

2. Le temps est frais
   - ❑ **a.** la température est de 40°.
   - ❑ **b.** la température est de – 20 °.
   - ❑ **c.** la température est de 12°.

3. Le linge, c'est
   - ❑ **a.** l'ensemble des sous-vêtements (tee-shirts, chaussettes…)
   - ❑ **b.** l'ensemble des draps, nappes, serviettes…
   - ❑ **c.** un arbre.

4. Une étagère est
   - ❑ **a.** une planche de bois horizontale, dans une armoire ou sur un mur.
   - ❑ **b.** une personne d'un autre pays.
   - ❑ **c.** une fleur.

2. Qu'est-ce que c'est ?

On y met des morceaux de papier, du linge sale.

Qu'est-ce que c'est ? ....

Des femmes ont la .... très fine. C'est la place de la ceinture. Qu'est-ce que c'est ? ....

On y range ses pulls et ses pantalons ?

Qu'est-ce que c'est ? ....

🗣️ 13. Et maintenant parlons un peu !

Répondez oralement en utilisant la réponse qui vous semble la plus correcte. Reliez bien les phrases. Évitez les répétitions.

(Vous utiliserez des pronoms, vous utiliserez aussi des mots de liaison : *et, mais, puis, parce que, quand…*).

Vous êtes une vendeuse ou un vendeur. Une cliente est là. Elle a besoin d'une robe, elle a envie d'un pull, d'une ceinture. Qu'est-ce que vous faites ?

....

Vous accrochez / vous décrochez la robe.

Je ....

Vous pliez / vous dépliez le pull-over.

....

Vous donnez une ceinture à la cliente, elle la serre / elle la desserre.

....

•••

...

La ceinture est petite pour la cliente, elle la serre / elle la desserre ?

....

Dans le magasin, les clientes rangent / dérangent les vêtements ?

....

C'est le soir, il n'y a plus de clientes, vous pliez / vous dépliez les pulls, vous rangez / vous dérangez les vêtements, vous décrochez / vous accrochez les robes ?

....

• Les préfixes dé- et re-

14. Associez les mots suivants selon le sens de leur préfixe.

déplier, embarquer, regonfler, décharger, emballer, replier.

15. Soulignez le préfixe des mots suivants.

Ex. : _repartir._

remplir, recharger, remettre, regonfler.

16. Entourez le mot base.

Ex. : dé(gonfler).

déboucher, remettre, décharger, replier.

17. Cherchez dans un dictionnaire le sens des mots suivants.

Ex. : _remettre = mettre un objet à la place où il était ; mettre à nouveau, une autre fois._

repartir, recharger, replier.

....

....

18. Donnez le contraire des mots soulignés.

1. Les touristes embarquent.

....

2. J'emballe les disques et les livres.

....

3. Je n'aime pas la télé. Emportez la télé avec vous.

J'adore la télé, ... la télé dans ma chambre.

19. Récrivez les phrases suivantes en utilisant un préfixe qui marque la répétition de l'action ou un retour à un état antérieur.

1. Elle met son bonnet.

Elle ....

2. Elle déplie la nappe avant le déjeuner.

Elle .... après le déjeuner.

3. Il est neuf heures du matin, ils <u>chargent</u> la voiture pour le pique-nique.

Il est six heures du soir. Ils .... la voiture et ils rentrent à la maison.

4. Ils <u>partent</u> pour le Japon.

C'est la fin du voyage au Japon, ils .... pour la France.

5. Elle <u>débouche</u> la bouteille.

Le verre est plein, elle .... la bouteille.

6. C'est bizarre ! Je <u>gonfle</u> et .... le pneu de mon vélo, il reste toujours dégonflé !

7. J'<u>apporte</u> chez moi des livres de la bibliothèque.

Je lis les livres et je les .... à la bibliothèque.

8. Je <u>fais</u> un exercice ; il n'est pas bon, je le ....

20. Notez dans la première colonne du tableau quatre verbes, puis ajoutez des préfixes comme dans l'exemple suivant.

gonfler	*dé*gonfler	*re*gonfler
....	....	....
....	....	....
....	....	....
....	....	....

21. Replacez les mots suivants dans les textes : *accrocher, déboucher, décoiffer, décrocher, dégonflé, déplacer, déplier, gonfler, reboucher, regonfler.*

Il est huit heures du matin. Je suis dehors. Il y a du vent. Le vent ....
les passantes. Elles ont les cheveux dans les yeux. Moi, ça va j'ai un bonnet. Je vais au travail à vélo. Mais aujourd'hui, le pneu avant de mon vélo est ....
J'ai une pompe à vélo et je .... le pneu avant. Le pneu arrière aussi est
.... alors, je .... le pneu arrière. Bon, tout va bien.
Mais non, le pneu avant est encore ...., alors je le
.... Puis, je monte sur le vélo et je roule. Pas très longtemps, les deux pneus sont .... Vive le métro !

Il est midi. Je suis au restaurant. Les garçons vont et viennent, ils ....
des nappes, les posent sur les tables, placent et .... des chaises, ils
.... une bouteille de vin, puis ils la .... Des gens
entrent dans le restaurant, ils .... leur manteau au portemanteau.
D'autres .... leur manteau et sortent.

22. On découvre d'autres mots.

1. Cochez la bonne réponse.

Je suis au bord de l'eau = ❏ **a.** Je suis près de l'eau.

❏ **b.** Je suis dans l'eau.

❏ **c.** Je suis loin de l'eau.

2. Choisissez le bon verbe.

Je bois / Je mange / J'écoute du saucisson.

23. Qu'est-ce que c'est ?

1. Ce n'est pas un fleuve comme la Seine, ce n'est pas une rivière, mais c'est de l'eau immobile dans la nature. Qu'est-ce que c'est ?

....

2. C'est un insecte. Il est jaune et noir. Il donne du miel. Qu'est-ce que c'est ?

....

3. C'est le petit de la poule, un coq jeune. C'est un oiseau avec des ailes courtes et qui ne vole pas. On le mange.

....

🗣️ 24. Et maintenant parlons un peu !

Répondez oralement en utilisant la réponse qui vous semble la plus correcte. Reliez bien les phrases. Évitez les répétitions.

(Vous utiliserez des pronoms, vous utiliserez aussi des mots de liaison : *et, mais, puis, parce que, quand…*)

Un pique-nique

Aujourd'hui nous allons faire un pique-nique, parce qu'il y a du soleil / parce que le ciel est bleu / parce que la pluie tombe.

....

Nous mangerons dans la salle à manger / nous mangerons dehors.

....

Il est 9 heures du matin. Nous emballons / déballons la nourriture, nous chargeons / déchargeons la voiture / nous partons.

....

....

•••

•••

Nous arrivons dans un endroit magnifique ; nous plions / déplions les nappes, nous bouchons / débouchons les bouteilles et nous mangeons sur / sous les arbres, dans / près de l'eau.

....

....

C'est le soir. Nous déplions / replions les nappes, nous débouchons / rebouchons les bouteilles, nous déchargeons / rechargeons la voiture, nous arrivons / repartons.

....

• Les préfixes in-, mal-, re-...

25. Soulignez le préfixe des mots suivants.

Ex. : *in*capable.

malchance, mécontent, inexact, impossible, recommencer.

26. Entourez le mot base.

Ex. : mal*heureux*.

immobile, relire, impatient, désagréable, enlever.

27. Associez les mots suivants selon le sens de leur préfixe.

recharger, inquiet, mécontent, impossible, revenir, malheureux.

28. Le préfixe marque la négation ou la répétition ?

Ex. : *re*commencer → répétition.

impossible → ....

relire → ....

revenir → ....

mécontent → ....

malheureux → ....

remettre → ....

29. Récrivez les phrases suivantes en donnant le contraire des mots soulignés.

1. La multiplication est bonne, elle est exacte.

La multiplication est mauvaise, elle est ....

2. Le jeu de cartes est complet, jouons !

On ne peut pas jouer, le jeu de cartes est ....

3. Sois patient, le déjeuner est prêt.

Ne sois pas ...., le déjeuner est prêt !

4. Ce sont des gens agréables ; j'aime bien être avec eux.

Ce sont des gens .... ; je n'aime pas être avec eux.

5. Elle apporte ses CD chez moi.

Elle .... ses CD.

30. On découvre d'autres mots.

Cochez la bonne réponse.

1. C'est le matin,
- ❑ **a.** il est dix-huit heures.
- ❑ **b.** il est vingt heures.
- ❑ **c.** il est six heures.

2. Le chagrin est
- ❑ **a.** un animal.
- ❑ **b.** un sentiment.
- ❑ **c.** une fleur.

3. J'ai faim,
- ❑ **a.** je bois.
- ❑ **b.** je mange.
- ❑ **c.** j'écris.

31. Et maintenant parlons un peu !

Répondez oralement en utilisant la réponse qui vous semble la plus correcte. Reliez bien les phrases. Évitez les répétitions.

(Vous utiliserez des pronoms, vous utiliserez aussi des mots de liaison : *et, mais, puis, parce que, quand…*).

Vous rêvez d'être une star de la chanson.

Je ne serai pas une star de la chanson parce que je chante juste / parce que je chante faux.

....

Mais je suis incapable / capable d'écrire une chanson.

....

Beaucoup de gens pensent que c'est possible / que c'est impossible.

....

Mais moi, j'écris ma chanson à la main, avec un stylo / sur un ordinateur.

....

Je suis mécontent(e) / content(e). C'est bien !

....

• Les préfixes dé-, in-, re-…

32. Mettez de l'ordre dans ce désordre !

O	P	T	A	R	N	R	S	T	R	E

1. Porter à travers. → ....

L	V	N	E	E	E	R

2. Mettre ailleurs, retirer… → ....

Q	N	I	U	T	I	E

3. Qui n'est pas tranquille. → ....

O	M	I	B	L	E	M	I

4. Qui ne bouge pas. → ....

33. Sans préfixe ou avec préfixe ? Et lequel ?

a) Porter

1. Le professeur .... des lunettes.

2. Je .... un gâteau pour le dessert, ce soir.

3. .... ces fleurs. Il n'y a pas de vase dans la chambre d'un malade, vous savez.

4. Je déménage. Je .... mes meubles d'une maison à l'autre.

5. Je finis le livre et je le .... à la bibliothèque.

b) Placer

1. Elle .... une corbeille sous le bureau.

2. La mère .... le livre sur la deuxième étagère de la bibliothèque, l'enfant le .... et le met sur la première étagère, la mère le .... sur la deuxième. C'est un jeu entre la mère et l'enfant.

3. Mon ordinateur est vieux. Je vais le ....

34. Donnez le contraire des mots soulignés.

1. Les techniciens <u>branchent</u> les micros.

....

2. Un micro, c'est <u>utile</u> ou .... pour un chanteur ?

3. Quelle <u>chance</u> ! Le temps est magnifique. Nous allons en pique-nique. Tout le monde est <u>content</u>.

Quelle .... ! Le temps n'est pas beau. Nous n'allons pas en pique-nique. Tout le monde est ....

35. On découvre d'autres mots.

Faites comme dans l'exemple. Écrivez la mauvaise réponse à la forme néga-tive, puis la bonne réponse.

Ex. : *Les spectateurs sont impatients ; ils sont contents ou ils crient ?* →
       *Ils **ne** sont **pas** contents, ils crient.*

1. Je chante un do à la place d'un ré, je chante juste ou je chante faux ?

→ ....

2. Sur un ordinateur, qu'est-ce que je fais avec mes doigts ? Je frappe ou je tape ?

→ ....

3. Un saxophoniste est un technicien ou un musicien ?

→ ....

4. Un petit noir, qu'est-ce que c'est ? Une tasse de café ou une nuit d'été ?

→ ....

5. Dans la rue, le trottoir est pour les voitures ou pour les passants ?

→ ....

6. J'ajoute un mot ; c'est un mot en moins ou c'est un mot en plus ?

→ ....

•••

•••

7. Un comptoir, c'est une histoire ou une table haute et étroite dans un café ?

→ ....

8. La scène, qu'est-ce que c'est ? Un fleuve à Paris ou, dans une salle de théâtre ou de concert, l'endroit où les musiciens et les comédiens jouent.

→ ....

9. Un miroir qu'est-ce que c'est ? Une glace (une crème glacée) ou une glace (un objet qui montre mon image) ?

→ ....

36. Et maintenant parlons un peu !

Vous racontez oralement un concert de jazz en choisissant les propositions les plus correctes ! Reliez bien les phrases.
(Quand c'est nécessaire, utilisez des pronoms, des mots de liaison : *et, mais, puis, parce que, quand…*)

Au concert !
Vous allez au concert dans une salle / dans une maison / dans un placard.

Nous ....

Là, il y a des musiciens / des bébés / des techniciens / des spectateurs / des abeilles / des chiens.

....

Les techniciens jouent du saxophone, branchent / débranchent les micros, déplacent des tables / des lits / des chaises, transportent des canapés / des pianos / des fauteuils.

....

Les musiciens jouent au football / jouent de la trompette / de la guitare / du piano.

....

Avant le concert, les spectateurs crient / tapent des mains parce qu'ils sont patients / impatients.

....

À la fin du concert, les musiciens apportent / emportent / transportent leurs instruments de musique.

....

• Les préfixes bi-, en-, re-...

37. Soulignez le préfixe des mots suivants.

survêtement, bicyclette, parapluie, superchampion, tricolore, contre-attaque.

38. Associez les mots suivants selon le sens de leur préfixe.

enlever, relancer, superchampion, emmener, relever, superstar.

39. Le préfixe re- : observez ces verbes et dites si re- marque la répétition, le retour à un état antérieur ou un renforcement.

Ex. : *remonter* → répétition.

1. redescendre→ ....

2. rebondir → ....

3. relever → ....

4. rattraper → ....

5. ramener → ....

6. repasser → ....

40. Compléter les phrases avec les verbes suivants : *ramener, rattraper, rebondir, recommencer, redescendre, relancer, relever, remettre, remonter, repartir, repasser, revenir*

1. La jeune fille au pair emmène les enfants à l'école le matin et elle les .... le soir à la maison.

2. Tu lis mal ! .... à la première ligne.

3. L'enfant joue au ballon. Il le lance et le .... Le ballon .... sur le sol, contre un mur, sur la tête de quelqu'un…

4. Je pars pour Londres demain, mais je .... à Paris après-demain. La semaine prochaine, je .... pour Londres.

5. Le linge est sec. Je branche le fer et je .... les pantalons, les tee-shirts…

6. Je sors de chez moi. Il pleut. Je n'ai pas de parapluie. Alors, je .... chez moi au premier étage, et je ....avec mon parapluie.

7. Attention, la vieille dame va tomber. Heureusement, un jeune homme la .... par le bras. Ouf, elle n'est pas tombée !

8. Qui est ce jeune homme ? Il passe et .... devant moi.

9. Premier cours de ski. Ce n'est pas facile. Le professeur de ski .... les élèves qui tombent. Voila, les élèves sont debout. Mais où sont les skis ? Ici ou là. Alors les élèves .... les skis aux pieds et les voilà encore le nez dans la neige.

41. Mots croisés.

Horizontalement

1. Mettre une chose à la place d'une autre.
3. Elles ont deux roues.
6. De deux couleurs.
8. Tu lances la balle et moi, je l'…
11. S'en aller encore, quitter un endroit encore une fois.

Verticalement

I. Toucher le sol et monter brusquement en l'air, comme une balle.
VI. Envoyer loin avec force. Les enfants aiment bien … des pierres dans l'eau.
XI. Vedette très célèbre. Eminem est une … de la chanson.

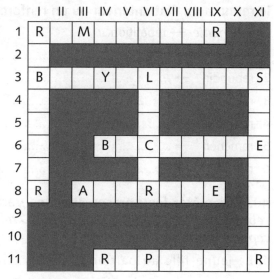

---

42. On découvre d'autres mots.

Cochez la ou les bonnes réponses.

1. On porte un maillot
❏ **a.** pour nager.
❏ **b.** pour jouer sur un terrain de sport.
❏ **c.** pour aller au restaurant.

2. Une joueuse est
❏ **a.** un maquillage pour les joues
❏ **b.** une personne heureuse
❏ **c.** une personne qui joue dans une équipe de sport.

3. Une équipe est
❏ **a.** un chapeau
❏ **b.** une fleur
❏ **c.** un groupe de personnes qui jouent ou qui travaillent ensemble.

4. Le terrain est
❏ **a.** un gâteau
❏ **b.** le sol
❏ **c.** une voiture
❏ **d.** un endroit aménagé pour le sport.

5. Le vestiaire est
❏ **a.** un vêtement.
❏ **b.** un placard.
❏ **c.** dans un gymnase, dans un stade, l'endroit où on met ses vêtements de sport.

43. Et maintenant parlons un peu !

**Répondez oralement aux questions en choisissant les réponses les plus exactes !
Reliez bien vos réponses pour composer un petit récit.**
(Quand c'est nécessaire, utilisez des pronoms, des mots de liaison : *et, mais,
puis, parce que, quand…*)

Un match de basket
Est-ce que vous êtes sportif, sportive ?

(Oui) Je ....

Sur un terrain de sport, est-ce que vous faites du basket / du piano / de la guitare / du ski… ?

....

Quand il fait froid, sur le terrain, vous portez un manteau / un survêtement.

....

Mais avant un match, vous mettez / vous enlevez votre survêtement.

....

Pendant le match, vous lancez la balle à une joueuse qui la relève / qui la rattrape.

....

La joueuse la ramène / la relance.

....

La balle chante / monte / mange / redescend / crie / rebondit.

....

Quand vous tombez. On vous relance / on vous relève.

....

Vous avez mal à la jambe, on vous lance / on vous ramène au vestiaire.

....

Vous êtes un(e) championn(e) / un(e) superchampionn(e).

....

• Les préfixes ad-, con-, re-…

44. Reliez les deux colonnes de manière à former des mots préfixés.

1. non-	**a.** ordinateur
2. archi	**b.** rapide
3. extra	**c.** bar
4. hyper	**d.** fin
5. multi	**e.** plein
6. ultra	**f.** fumeurs
7. super	**g.** colore
8. micro-	**h.** temps
9. mini	**i.** marché
10. mi-	**j.** marché

45. Soulignez le préfixe des mots suivants.

rentrer, reprendre, emménager, déménager, revenir, comprendre.

46. Retrouvez le préfixe associé au verbe « prendre ».

1. Le professeur est excellent. Avec lui, je .... prends tout.

2. En France, les élèves .... prennent par cœur des poèmes.

3. Ce gâteau est très bon, mais je n'en .... prendrai pas, je suis au régime.

47. Associez les préfixes selon leur sens.

Ex. : **non**-fumeurs et **im**poli. Ces deux mots n'ont pas le même préfixe, mais leur préfixe a le même sens négatif.

minibar, supermarché, micro-ordinateur, hypermarché.

....

48. Sur le mot base -colore, donnez trois mots formés de trois préfixes différents.

....

....

....

49. Complétez les phrases à l'aide des mots suivants, en faisant les accords quand c'est nécessaire : archiplein, extraordinaire, hypermarché, imperméable, mi-temps, prend, supermarché, téléphone, ultrarapide.

1. Les joueurs vont au vestiaire. Le match n'est pas fini, c'est la ....

2. Elle .... l'avion pour aller au Japon.

3. Il y a beaucoup de monde dans la salle de concert, la salle est ....

4. Il y a des trains qui font du 350 km à l'heure, ce sont des trains ....

5. À côté des grands magasins, des ...., des ....,
il y a encore de petites boutiques de quartier.

6. Cette personne n'est pas comme tout le monde, elle n'est pas ordinaire, elle est

....

7. Il ne fait pas froid, mais il va pleuvoir, je prends un ....

8. Le .... sonne. Je décroche et je dis : « Allo, qui est à l'appareil » ?

=**50. On découvre d'autres mots.**=

1. Répondez comme dans l'exemple.

Ex. : *Un Européen est né au Vietnam ou en Italie ?*
Un Européen est né en Italie ou en France….

1. Une personne **bavarde** ne parle pas ou parle beaucoup ?

....

2. Une personne **indiscrète** pose beaucoup de questions ou ne pose aucune question ?

....

3. **Quitter** c'est rester ou laisser derrière soi ?

....

●●●

●●●

4. Cacher, c'est montrer ou ne pas montrer ?

....

5. Interroger quelqu'un, c'est poser une question à quelqu'un ou répondre à quelqu'un ?

....

2. Voyager : c'est un verbe. Donnez deux noms formés sur ce verbe.

Le nom qui marque l'action de voyager   → ....

Le nom qui indique la personne qui voyage → ....

---

51. Et maintenant parlons un peu !

**Répondez oralement aux questions en choisissant les réponses les plus exactes !
Reliez bien vos réponses pour composer un petit récit.**

(Quand c'est nécessaire, utilisez des pronoms, des mots de liaison : *et, mais, puis, parce que, quand…*)

Un voyage en Eurostar

Pour aller à Londres, vous prenez l'Eurostar ?

(Oui) Je ....

L'Eurostar est un avion / un bateau / un train.

....

L'Eurostar est rapide / ultrarapide. Est-ce qu'il est fumeur / non-fumeur ?

....

Est-ce qu'il y a beaucoup de monde dans l'Eurostar ? Est-ce qu'il est toujours plein / archiplein ?

....

L'Eurostar passe sur l'eau / sous l'eau ? Il passe sous l'océan Atlantique / sous la mer Méditerranée / sous l'océan Pacifique / sous la Manche.

....

Est-ce que l'Eurostar est un moyen de transport ordinaire / extraordinaire.

....

Les voyageurs dans l'Eurostar sont africains / américains / européens ; est-ce que vous comprenez tous les voyageurs quand ils parlent ?

....

Si vous quittez l'Angleterre, est-ce que vous ramènerez / reprendrez l'Eurostar pour venir / pour rentrer chez vous ?

....

Est-ce que vous apprenez quelque chose quand vous voyagez ?

....

• Les préfixes ad-, con-, im-...

52. Mots croisés.

Horizontalement

1. Quelques lettres après un mot base.
4. Ce mot est ajouté au verbe ou à un autre mot. « Très » est un…
8. Quelques lettres ou un petit mot devant un mot base. Dans le mot : « défaire », « dé- »est un…
12. C'est un mot qui attache deux mots ou deux groupes de mots. Le mot « et » est une …

Verticalement

V. Temps du passé qui marque l'action qui n'est pas achevée.
IX. Mot à la place d'un nom.
XI. Mot qui introduit un nom ou un infinitif. « Pour » est une …

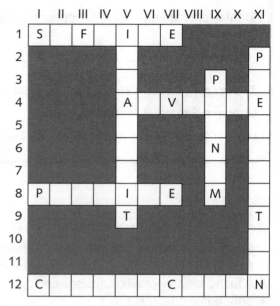

---

 53. Et maintenant parlons un peu !

Répondez oralement aux questions en choisissant les réponses les plus correctes ! Reliez bien vos réponses pour composer un petit récit.
(Quand c'est nécessaire, utilisez des pronoms, des mots de liaison : *et, mais, puis, parce que, quand...*)

Des petits mots bizarres
Est-ce que vous aimez bien la grammaire ?

(oui) ....

Vous comprenez la grammaire ou vous ne la comprenez pas très bien?

....

Est-ce que vous comprenez tous les mots de la grammaire / vous ne comprenez pas tous les mots de la grammaire ?

....

Est-ce que vous connaissez les mots : conjonction, préposition, adverbe, préfixe, suffixe, imparfait….?

....

Est-ce que dans ces mots, il y a des suffixes, des préfixes… ?

....

BILAN I

1 Vrai ou Faux ?

	Vrai	Faux	
1. Le préfixe est un mot (préposition, adverbe…)	❏	❏	*(1 point)*
2. Le préfixe est un groupe de lettres.	❏	❏	*(1 point)*
3. Le préfixe est après le radical.	❏	❏	*(1 point)*
4. Le préfixe change le sens d'un mot.	❏	❏	*(1 point)*

2 Donnez le contraire des mots suivants en utilisant des préfixes négatifs.

capable, possible, chance, content, ordre, gonfler.

.... *(3 points)*

3 Trouvez deux verbes avec deux formes du préfixe de la répétition.

(+ consonne et + voyelle)

.... *(1 point)*

4 Faites une phrases avec chacun de ces verbes, de manière à bien marquer leur différence.

porter ....

apporter ....

transporter .... *(3 points)*

5 Quel est le sens du préfixe dans les verbes : *enlever* et *emporter*.

.... *(1 point)*

6 Quel est le sens du préfixe dans les mots suivants :

hypermarché ....

mi-temps ....

parapluie ....

micro-ordinateur .... *(2 points)*

7 On découvre d'autres mots : associez, de façon logique, les termes de la colonne A aux termes de la colonne B.

A	B
les rideaux	la pluie
le salon	un terrain de sport
un bateau	un micro
des vêtements	la musique
une ceinture	une gare
un ballon	la fenêtre
un parapluie	un infinitif
un train	des fauteuils
une guitare	des livres
un technicien	un lac
une étagère	la taille
une préposition	un placard

(6 points)

2 • Ces quelques lettres qui changent tout : les suffixes

• Les suffixes -ain, -ais, -an...

1. Observez ces deux groupes de mots. Soulignez l'élément différent.

Ex. : *Lituanie, lithuan**ien***.

Amérique, France, Espagne, Chine, Brésil.
américain, français, espagnol, chinois, brésilien.

2. Soulignez le suffixe des mots suivants.

Ex. : *liban**ais***

polonais, italien, argentin, allemand, afghan.

3. Donnez le féminin des mots suivants.

Ex. : *cambodgien → cambodg**ienne***.

1. anglais   → ....

2. australien → ....

3. espagnol   → ....

4. grec   → ....

5. letton   → ....

6. philippin → ....

7. roumain   → ....

8. russe   → ....

9. turc   → ....

4. Donnez le nom de l'habitant.

Ex. : *la Pologne → **un(e) Polonais(e)***

1. Le Luxembourg → ....

2. Le Chili   → ....

3. La Bulgarie   → ....

4. Le Danemark   → ....

5. Le Portugal   → ....

6. Le Japon   → ....

7. La Suisse   → ....

8. Le Cameroun   → ....

9. L'Algérie   → ....

5. Nom ou adjectif ?

Les mots indiquant la nationalité peuvent être nom ou adjectif :
– quand le mot indiquant la nationalité est accompagné d'un déterminant (article, adjectif démonstratif, adjectif indéfini…), il est nom et prend une majuscule au début.
– quand le mot indiquant la nationalité n'a pas d'article, quand il suit un verbe d'état : *être, devenir, rester, avoir l'air*, il s'écrit sans majuscule.

Ex. : *Voilà des Français. Oui, ils sont français.*

Donnez la nationalité, nom ou adjectif, à partir du nom de pays entre parenthèses.

1. C'est une .... (Hongrie)

2. Paul est .... (France)

3. Les .... (Belgique) parlent français.

4. Quelques .... (Canada) aussi parlent français.

5. Il était .... (Maroc) et il est devenu .... (Hollande).

6. Il y a beaucoup de .... (Pologne) dans le nord de la France.

7. Ses frères sont devenus .... (Italie) ; lui, il est resté .... (Argentine).

6. Mots croisés.

Horizontalement
1. Elle est du Maroc, elle est…
5. La capitale de son pays est Stockholm, il est…
7. Elle habite à Montréal, elle est…

Verticalement
I.   Son pays est le Mali, elle est…
IV.   Son pays est l'Ouganda, il est…
VIII. Son pays est la Norvège, il est…
XI.   Il vient du Laos, il est…

	I	II	III	IV	V	VI	VII	VIII	IX	X	XI	XII
1	M			O				N	E		L	
2												
3				G								
4												
5						S		E				S
6	N			D								
7			C								N	E
8	E											
9				S				N				

7. Petite devinette, petite charade.

Mon premier est la première lettre de l'alphabet : ....

Mon deuxième est bleu, vert, gris. C'est de l'eau, beaucoup d'eau. C'est la .... Méditerranée.

Mon troisième est la neuvième lettre de l'alphabet : ....

Mon quatrième est la troisième lettre de l'alphabet : ....

Mon cinquième est un suffixe de nationalité : ....

Et mon tout est une nationalité : ....

8. Quelle langue ?

Ex. : *Il est espagnol, il parle espagnol ; elle est espagnole, elle parle espagnol.*

1. Il est anglais, il parle .... ; elle est anglaise, elle parle ....

2. Il est bulgare, il parle .... ; elle est bulgare, elle parle ....

3. Elle est grecque, elle parle .... ; il est grec, il parle ....

4. Elle est suédoise, elle parle .... ; il est suédois, il parle ....

5. Il est turc, il parle .... ; elle est turque, elle parle ....

6. Il est hongrois, il parle .... ; elle est hongroise, elle parle ....

7. Elle est argentine, elle parle .... ; il est argentin, il parle ....

9. On découvre d'autres mots.

Vrai ou faux ?

	Vrai	Faux
1. Le Liban est un pays.	❏	❏
2. Paris est un pays.	❏	❏
3. Londres est une ville.	❏	❏
4. « Irlandais » est une nationalité.	❏	❏
5. Natacha est une nationalité.	❏	❏
6. L'Himalaya est une plaine.	❏	❏

10. Et maintenant parlons un peu !

Répondez oralement aux questions en choisissant les réponses les plus correctes ! Reliez bien vos réponses pour composer un petit récit.

(Quand c'est nécessaire, utilisez des pronoms, des mots de liaison : *et, mais, puis, parce que, quand…*)

D'où êtes-vous ?

Quel est votre nom ? Comment vous appelez-vous ?

....

Êtes-vous américain(e) / européen(ne) / asiatique / africain(e) / australien(ne) ?

....

Êtes-vous français(e) / italien(ne) / espagnol(e) / polonais(e) / suédois(e) / sénégalais(e) / mozambicain(e)…

....

Est-ce que vous venez **de** France (f.) / **du** Mali (m.) / **de** Belgique (f.) / **du** Canada (m.) / **de** Hongrie (f.) / **du** Vietnam (m.)… ?

....

Quelle est la capitale de votre pays ? Est-ce que c'est Paris / Cambera / Saigon / Calcutta / Oslo / Rejkjawik… ?

....

La langue de votre pays est l'espagnol ? Vous parlez espagnol ? La langue de votre pays est l'anglais, vous parlez anglais ? La langue de votre pays est l'italien, vous parlez italien ?…

....

Est-ce que vous habitez, est-ce que vous vivez dans votre pays ?

....

• Les suffixes -teur, -ture…

11. Soulignez le suffixe des mots suivants.

Ex. : *horticult**eur***.

agriculteur, puériculture, actrice, traduction.

12. Donnez le féminin de :

agriculteur   → ....

traducteur   → ....

présentateur → ....

dessinateur → ....

acteur   → ....

architecte   → ....

13. Donnez d'autres mots de la même famille.

Ex. : *dessiner, le dessin, le dessinateur, la dessinatrice.*

peindre   → ....

présenter → ....

traduire   → ....

14. Associez ces éléments pour obtenir une phrase complète.

1. Un agriculteur
2. Un dessinateur
3. Une actrice
4. Une puéricultrice
5. Un architecte
6. Une horticultrice

a. aime les fleurs.
b. construit des maisons, des immeubles.
c. travaille dans les champs.
d. a besoin d'un crayon et d'une gomme.
e. joue sur une scène.
f. garde et soigne les petits enfants.

15. Vrai ou Faux ?

	Vrai	Faux
1. L'horticulture est une personne.	❑	❑
2. La puéricultrice est une profession.	❑	❑
3. Une présentatrice présente des gens les uns aux autres.	❑	❑
4. Le sculpteur utilise le bois, le marbre, le bronze…	❑	❑
5. Le traducteur travaille dans les champs.	❑	❑
6. Le peintre peint les murs d'une maison.	❑	❑

16. Mettez de l'ordre dans ces mots.

R	F	E	O	P	S	I	S	N	O

1. Métier. → ....

R	D	T	C	A	U	E	R	U	T

2. Paul est .... de romans russes en français. Pierre est
.... de romans policiers américains en français.

R	U	T	E	E	N	P	I

3. Picasso faisait de la ....

| R | G | L | C | A | U | I | R | T | E | C | I |

4. Elle n'habite pas dans une ville, elle habite à la campagne, elle travaille dans les champs, elle est → ....

| R | D | N | A | J | R | I | I | E |

5. C'est aussi un horticulteur. → ....

17. On découvre d'autres mots.

Écrivez la bonne définition.

Ex. : *Un jardinier est un animal ou une personne qui soigne les fleurs, les plantes ?*
C'est une personne qui soigne les fleurs, les plantes.

1. Un ferme est une personne dure ou un ensemble formé par une terre, une maison et des bâtiments ?

....

2. Un jardin est une fleur ou un terrain où il y a des fleurs, des légumes, des arbres ?

....

3. Un écrivain est un vin blanc ou une personne qui écrit des livres ?

....

4. Une émission est un plat régional ou une partie d'un programme de radio ou de télévision ?

....

5. Une bande dessinée est un morceau de tissu pour les cheveux ou une suite de dessins qui racontent une histoire ?

....

6. Un crèche est un grand lit ou un endroit où les parents qui travaillent laissent leurs petits enfants ?

....

18.

1. Qui est-ce ?

C'est ....

2. Qui est-ce ?

C'est ....

⇥🥘 **19. Et maintenant parlons un peu !**

Répondez oralement aux questions en choisissant les réponses les plus exactes !
Reliez bien vos réponses pour composer un petit récit.

(Quand c'est nécessaire, utilisez des pronoms, des mots de liaison : *et, mais, puis, parce que, quand...*)

Qui êtes-vous ?

Est-ce que vous êtes agriculteur, agricultrice / puéricultrice / sculpteur / architecte / peintre / dessinateur, dessinatrice / acteur, actrice / traducteur, traductrice ?

– Je ne suis pas ....

– Quel est votre métier ?

....

Vous travaillez à la campagne dans les champs / en ville dans un bureau / chez

vous / dans une crèche / dans un théâtre… ....

....

• Les suffixes -ain, -air, -at...

20. Associez les mots selon leur suffixe.

bibliothécaire, universitaire, pianiste, chanteur, secrétaire, vendeur, journaliste, danseur, violoniste.

21. Donnez le féminin des mots suivants.

1. Il est danseur.   → elle est ....

2. Il est musicien.   → elle est ....

3. Il est vétérinaire.   → elle est ....

4. Il est enseignant.   → elle est ....

5. Il est informaticien   → elle est ....

6. Il est médecin.   → elle est ....

7. Il est ingénieur.   → elle est ....

22. On forme un orchestre. Qui joue... ?

Ex. : *Qui joue de la trompette ? C'est **le trompettiste**.*

1. Qui joue du violon ?   → ....

2. Qui joue du violoncelle ?   → ....

3. Qui joue de la contrebasse ?   → ....

4. Qui joue de l'alto ?   → ....

5. Qui joue de la flûte ?   → ....

6. Qui joue de la clarinette ?   → ....

7. Qui joue de la guitare ?   → ....

8. Qui joue du saxophone ?   → ....

23. Associez ces éléments pour obtenir une phrase complète.

1. Il est médecin,
2. Elle est avocate,
3. Elle est secrétaire,
4. Il est journaliste,
5. Elle est chanteuse,
6. Elle est vendeuse,
7. Il est violoniste,
8. Elle est vétérinaire,

a. elle soigne les animaux.
b. il écrit dans un journal quotidien, il donne des informations.
c. elle répète à l'Opéra.
d. elle travaille aux Galeries Lafayette.
e. il donne des concerts dans le monde entier.
f. il soigne les grandes personnes et les enfants.
g. elle aide les gens à comprendre la loi, elle défend les gens.
h. elle tape le courrier du directeur, elle prend les rendez-vous….

24. Associez les termes suivants. Qui va avec quoi ?

Ex. : *l'agriculteur et l'agriculture*.

l'avocat, le médecin, le vétérinaire, le droit, le professeur, la médecine, les animaux, l'enseignement

....

....

25. Trouvez le féminin et chassez l'intrus.

danseur, vendeur, ingénieur, chanteur.

....

26. Chassez les deux intrus.

secrétariat, secrétaire, universitaire, bibliothécaire, vétérinaire, université.

27. Associez les questions aux bonnes réponses.

Questions :
1. Quel est l'outil de l'informaticien ?
2. Où le professeur enseigne-t-il ?
3. Quel est l'instrument du pianiste ?
4. Où travaille la bibliothécaire ?
5. Est-ce que la bibliothécaire vend les livres ?
6. Est-ce que le médecin reçoit les malades dans un magasin ?

Réponses :
a. Elle travaille dans une **bibliothèque**.
b. C'est l'**ordinateur**.
c. Il enseigne au **collège**, au **lycée** ou à l'**université**.
d. Elle ne vend pas les livres, elle les **prête**. La libraire (ou le libraire) vend les livres.
e. Non, il reçoit les malades dans son **cabinet** ou à l'**hôpital**.
f. C'est le **piano**.

1. ....

28. Qui parle ?

Ex. : *Je vends des vêtements dans une boutique.→ Je suis **vendeuse**.*

1. Je prête des livres.   → ....

2. Je travaille dans un hôpital.   → ....

3. Je joue du violon.   → ....

4. Je réponds au téléphone, je tape
les lettres, je prends des rendez-vous.   → ....

5. J'écris chaque jour des articles, je donne
des informations.   → ....

6. Je peins.   → ....

7. Je dessine les plans des bâtiments
(immeubles, maisons, musées).   → ....

29. Trouvez deux mots ou plus de la même famille. Vous pouvez chercher dans un dictionnaire.

Ex. : *peindre, peintre, peinture.*

danser ....

dessiner ....

vendre ....

enseigner ....

chanter ....

30. Qui est-ce ?

1. C'est une .... **2.** C'est un ....

31. On découvre d'autres mots.

1. Quel est le singulier du mot : animaux.   → ....

2. Quel est le pluriel du mot : journal.   → ....

3. Quelle est la différence entre « mon mari » et « mon fiancé » ?

....

....

4. Est-ce que vous pouvez citer un écrivain de votre pays ?

....

•••

5. Dans le mot « multinationale », est-ce que vous pouvez distinguer le préfixe, le suffixe et le mot base ?

....

6. Quel est l'article ?

Je fais .... musique

Je joue .... piano.

Je joue .... guitare.

7. Quel est le verbe ?

Je suis journaliste, je .... dans un journal.

≈ 32. Et maintenant parlons un peu !

Répondez oralement aux questions en choisissant les réponses les plus correctes ! Reliez bien vos réponses pour composer un petit récit.
(Quand c'est nécessaire, utilisez des pronoms, des mots de liaison : *et, mais, puis, parce que, quand…*)

Qui êtes-vous ?
Quelle est votre profession ?

....

Est-ce que vous êtes avocat(e) / bibliothécaire / chanteur (-euse) / danseur (-euse) / écrivain / ingénieur / journaliste / médecin / musicien(ne) / professeur / secrétaire / vétérinaire / vendeur (-euse) ?

....

Vous aimez / vous n'aimez pas votre profession ?

....

• Les suffixes -eur, -ie, -tion

33. Soulignez le suffixe.

agitation, hauteur, épaisseur, sympathie, minceur, prétention, modestie.

34. Associez les mots suivants selon deux catégories (la caractéristique et la dimension).

douceur, longueur, largeur, maigreur, laideur.

....

35. Quel est l'adjectif (masculin et féminin) qui correspond aux mots suivants.

1. la douceur → ....

2. l'épaisseur → ....

3. la hauteur → ....

4. la laideur → ....

5. la largeur → ....

6. la longueur → ....

7. la maigreur → ....

8. la minceur → ....

36. Quel est le verbe qui correspond aux noms suivants.

1. la douceur → ....

2. l'épaisseur → ....

3. la laideur → ....

4. la largeur → ....

5. la longueur → ....

6. la maigreur → ....

37. Donnez le nom (avec l'article défini) qui correspond à l'adjectif.

1. modeste → ....

2. sympathique → ....

3. antipathique → ....

4. agité → ....

5. prétentieux → ....

38. Décrivez votre chambre. Donnez les dimensions exactes de la pièce.

....

....

....

....

39. Complétez les phrases (attention aux élisions).

1. Le mur du château est très .... ; la ....
du mur est de 2 mètres.

2. L' Empire State Building est très .... ; la ....
de l'Empire State Building est de 443 mètres.

3. Ce boulevard est très .... ; la .... de ce boulevard est de 20 mètres.

4. Le Mississipi est un fleuve très .... : la ....
du Mississipi est de 3 770 kilomètres.

40. Associez les éléments.

1. Elle n'est pas grosse,   **a.** elle est douce.

2. Elle n'est pas prétentieuse,   **b.** elle est sympathique.

3. Elle n'est pas antipathique,   **c.** elle est mince.

4. Elle n'est pas violente,   **d.** elle est modeste.

41. Quelle est la caractéristique ?

Cet enfant fait du bruit, il bouge tout le temps, il est ....

Cet homme croit qu'il sait tout, il est ....

Cette femme ne parle jamais d'elle, elle est ....

Ces gens sont très agréables, on aime bien parler avec eux, ils sont ....

42. Mots croisés.

Horizontalement

1. Sentiment d'amitié, de bonne entente entre des personnes. J'ai de la ... pour vous, j'ai envie de vous connaître, de parler avec vous.

3. Marilyn Monroe était belle, elle n'était pas…

5. Cette personne est discrète, elle n'aime pas parler d'elle, elle est…

9. Le fleuve Mississipi est un fleuve des États-Unis ; c'est le plus …fleuve des États-Unis.

Verticalement

II. Ce top-modèle, ce mannequin, comme tous les mannequins, est très…

V. C'est le contraire de la modestie.

VIII. – Quelle est la… de la tour Eiffel ? – 324 m.

X. Les dictionnaires sont très épais. Quelle est l'… du dictionnaire Robert ?

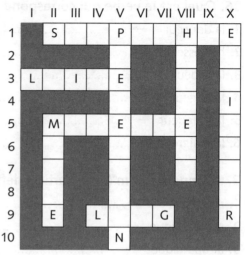

43. On découvre d'autres mots.

Cochez la bonne définition ou les bonnes définitions.

1. La dimension est
- ❏ **a.** la mesure de quelque chose.
- ❏ **b.** un jour de la semaine.
- ❏ **c.** le contraire de « hier ».

2. Un studio est
- ❏ **a.** un grand appartement.
- ❏ **b.** un petit appartement d'une pièce.
- ❏ **c.** un endroit pour faire des films ou des disques.

3. Le plafond est
- ❏ **a.** en bas.
- ❏ **b.** à droite.
- ❏ **c.** en haut.

4. Mon voisin habite
- ❏ **a.** dans une autre ville.
- ❏ **b.** dans un autre pays.
- ❏ **c.** près de ma maison.

5. Le palier est
- ❏ **a.** un espace dans l'appartement.
- ❏ **b.** un espace entre deux étages.
- ❏ **c.** un espace devant l'entrée de l'immeuble.

6. Une personne sourde
- ❏ **a.** entend très bien.
- ❏ **b.** n'entend pas.
- ❏ **c.** ne voit pas.

7. Ça fait du bruit
- ❏ **a.** quand une feuille tombe.
- ❏ **b.** quand une fleur tombe.
- ❏ **c.** quand une grande armoire tombe.

8. Je loue un studio.
- ❏ **a.** J'habite dans un studio et le studio est à moi.
- ❏ **b.** Je n'habite pas dans le studio et le studio est à moi.
- ❏ **c.** J'habite dans un studio et le studio n'est pas à moi.

• Les suffixes -eur, -oir

44. Soulignez le suffixe des mots suivants.

aspirateur, ascenseur, ordinateur, réfrigérateur, répondeur, téléviseur.

Ces mots représentent des personnes ou des objets ?

Ils sont au masculin ou au féminin ?

45. Associez les mots selon leur suffixe.

lecteur, miroir, rasoir, horodateur, radiateur, séchoir.

46. Deux de ces quatre mots se terminent par un « e ». Qu'est-ce que cela signifie ?

miroir, bouilloire, passoire, séchoir.

....

47. Chassez l'intrus.

réfrigérateur, distributeur, rasoir, horodateur.

48. Chassez l'intrus.

ascenseur, radiateur, professeur, répondeur.

49. Quel verbe correspond à chacun de ces mots ?

1. aspirateur → ....

2. bouilloire → ....

3. distributeur → ....

4. lecteur → ....

5. passoire → ....

6. rasoir → ....

7. répondeur → ....

8. séchoir → ....

50. Qu'est-ce que c'est ?

1. ....

2. ....

3. ....

4. ....

51. Cochez la ou les bonnes définitions.

1. Le distributeur est ❑ **a.** un homme qui donne de l'argent.
                      ❑ **b.** une machine à écrire.
                      ❑ **c.** une machine où on peut retirer de l'argent.

2. Le rasoir est   ❑ **a.** un appareil pour enlever les poils sur le visage et le corps.
                      ❑ **b.** un homme qui n'est pas intéressant.
                      ❑ **c.** une montagne française.

3. Le lecteur est   ❑ **a.** un homme qui lit.
                      ❑ **b.** un appareil qui lit des cassettes audio et vidéo.
                      ❑ **c.** un lit pour une personne.

4. Le répondeur est ❑ **a.** un homme qui répond à des questions.
                      ❑ **b.** un fromage français.
                      ❑ **c.** un appareil qui prend les messages de téléphone.

5. L'horodateur est   ❑ **a.** une horloge.
                      ❑ **b.** un appareil qui donne la date et l'heure du stationnement.
                      ❑ **c.** une pièce de monnaie.

52. Associez les éléments.

1. Je conserve mes aliments au froid	**a.** sur un ordinateur.
2. Je peux chauffer mon appartement	**b.** en ascenseur.
3. J'égoutte mes pâtes	**c.** j'ai un séchoir.
4. L'eau chauffe à 100°	**d.** dans un miroir.
5. Je peux monter et descendre sans fatigue	**e.** dans une passoire.
6. Mes cheveux ne sont plus mouillés,	**f.** dans une bouilloire.
7. Je tape mes lettres, ma thèse et un roman	**g.** dans un congélateur.
8. Je peux regarder mon image	**h.** avec un radiateur.

53. Charade

Mon premier est le deuxième élément de la négation : ne… ? ....

Mon deuxième est le contraire du matin : ....

Mon troisième est la cinquième lettre de l'alphabet : ....

Et mon tout laisse passer : ....

54. On découvre d'autres mots.

Vrai ou faux ?

	Vrai	Faux
1. L'ascenseur est en **panne**.		
= L'ascenseur marche bien.	❑	❑
2. Cette voiture **consomme** beaucoup d'essence.		
= Elle utilise beaucoup d'essence.	❑	❑
3. Je fais **des économies** d'énergie.		
= J'utilise de l'énergie.	❑	❑
4. Vous ne pouvez pas **stationner** dans cette rue.		
= Vous pouvez laisser votre voiture dans cette rue.	❑	❑
5. Dans cet appartement, il n'y a pas d'eau, pas d'électricité.		
= Dans cet appartement il y a tout le **confort**.	❑	❑
6. Un appareil. = Une machine.	❑	❑

55. Et maintenant parlons un peu !

Répondez oralement aux questions en choisissant les réponses les plus correctes ! Reliez bien vos réponses pour composer un petit récit.

(Quand c'est nécessaire, utilisez des pronoms, des mots de liaison : *et, mais, puis, parce que, quand...*)

Ascenseur, aspirateur, ordinateur ?

Où habitez-vous ? Dans un immeuble / dans une maison...... ?

....

Il y a un ascenseur / il n'y a pas d'ascenseur chez vous. Vous montez en ascenseur / à pied...

....

Est-ce que vous avez un aspirateur ? Pourquoi ? Est-ce qu'il y a de la poussière chez vous ?

....

Est-ce que vous avez un ordinateur ? Pourquoi ?

....

Est-ce que vous avez un téléviseur ? Vous aimez / vous n'aimez pas la télévision ?

....

• Les suffixes -ance, -ence, -esse...

56. Soulignez le suffixe.

tolérance, impatience, faiblesse, franchise, optimisme, jalousie, beauté, tranquillité.

57. Retrouvez le nom correspondant aux adjectifs suivants. Donnez le genre (masculin ou féminin) de ces noms.

1. gentil   → ....

2. jeune   → ....

3. bon   → ....

4. pauvre   → ....

5. bête   → ....

6. franc   → ....

7. intolérant   → ....

8. violent   → ....

58. Complétez les mots suivants de manière à reconstituer le nom.

1. La méchanc.................................

2. La vivac.................................

3. L'hypocr.................................

4. La par.................................

59. Associez les suffixes deux par deux, selon leur forme.

tolérance, jeunesse, pauvreté, bêtise, hypocrisie, arrogance, pessimisme, gourmandise, tristesse, patience, vivacité, égoïsme, intelligence, jalousie.

60. Transformez la phrase de manière à passer du nom à l'adjectif.

Ex. : *Sa timidité est grande.* → *Il est très timide.*

Sa richesse est grande.

→ ....

Quelle tristesse ! Pourquoi ? Dis-le moi !

→ ....

Il est d'une grande sensibilité.

→ ....

Quelle gourmandise ! Il peut manger dix gâteaux.

→ ....

61. On passe de l'adjectif au nom.

Ex. : *Ils sont très sévères.* → *Ils sont d'une grande sévérité.*

1. Ils sont très pauvres. → ....

2. Tu es très méchant. → ....

3. Ce quartier est très tranquille. → ....

4. C'est un homme vraiment bon. → ....

62. Observez ces adjectifs et chassez l'intrus.

jeune, gentil, riche, triste, paresseux, faible.

63. Quel verbe correspond aux adjectifs suivants ?

1. beau → ....

2. patient → ....

3. riche → ....

4. tolérant → ....

5. vieux → ....

64. Chassez l'intrus.

rajeunir, affaiblir, appauvrir, attrister

65. Associez les éléments de chaque colonne de manière à former une phrase logique.

1. Il est riche,	**a.** il rit tout le temps.
2. Il est jeune,	**b.** il n'a pas un euro.
3. Il est beau,	**c.** il a des millions.
4. Il est vieux,	**d.** il a vingt ans.
5. Il est pauvre,	**e.** tout le monde le regarde.
6. Il est gai,	**f.** il a quatre-vingt-six ans.

66. Donnez le nom et l'adjectif de la même famille que les verbes suivants.

1. encourager : ....

2. ennuyer : ....

3. travailler : ....

67. Mots croisés.

Horizontalement

1. La maison est vide; on n'entend plus de rires, il n'y a plus de joie, il y a seulement de la…

3. C'est le nom qui correspond à l'adjectif : « arrogant »…

5. Il a 90 ans, il est très…

7. Cet homme comprend tout, c'est un grand savant, il aura le prix Nobel un jour, c'est un mathématicien d'une grande…

10. Les parents d'aujourd'hui laissent beaucoup de liberté à leurs enfants.
Les parents des années 50 élevaient leurs enfants avec une grande…

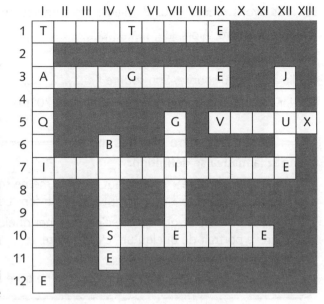

Verticalement

I. C'est le jour de l'examen. Il n'y a pas de bruit, pas de mouvement. La salle est dans une grande…

IV. C'est le contraire du 7 horizontal.

VII. C'est le contraire du 1 horizontal.

XII. Elle a 20 ans. Elle est…

68. Décrivez les caractéristiques suivantes.

Ex. : **la timidité** : *caractère d'une personne qui ne peut pas parler aux autres, qui n'aime pas qu'on la regarde, qui rougit quand on lui parle….*

1. la gourmandise : ....
....

2. la vivacité : ....
....

3. la jalousie : ....
....

4. la franchise : ....
....

69. Replacez ces verbes dans les phrases : *attrister, embellir, encourager, ennuyer, enrichir, patienter, travailler, vieillir.*

1. Le professeur .... ses élèves : « .... et vous réussirez ! »

2. Ce film est très mauvais ; il .... tous les spectateurs.

3. Le départ de Jean .... ses parents. Sa mère et son père pleurent.

4. Le travail .... les hommes. !

5. Nous avons rendez-vous demain à trois heures au café de la Paix. Mais elle est toujours en retard. Alors, je .... jusqu'à trois et demie. À trois heures et demie, je rentrerai chez moi.

6. Elle a un beau sourire. Son sourire l'.................................

7. Hier, c'était mon anniversaire ! Hier, j'ai eu 70 ans ! Eh oui, je ....

=70. On découvre d'autres mots.=

Barrez la mauvaise définition.

1. Les mots « qualité » et « défaut » ont le même sens.
Les mots « qualité » et « défaut » sont de sens contraire.

2. Faire le portrait de quelqu'un, c'est dessiner quelqu'un.
Faire le portrait de quelqu'un, c'est décrire.

3. Passager = quelqu'un qui passe.
Passager = quelque chose qui passe, qui ne dure pas.

---

71. Et maintenant parlons un peu !

**Répondez oralement aux questions en choisissant les réponses les plus exactes !
Reliez bien vos réponses pour composer un petit récit.**

(Quand c'est nécessaire, utilisez des pronoms, des mots de liaison : *et, mais, puis, parce que, quand…*)

Mon portrait
Est-ce que vous êtes petit / grand / ni grand ni petit / beau / laid / ni beau ni laid / mince / gros / ni gros ni mince / vieux / jeune / ni jeune ni vieux… ?

....

Est-ce que vous êtes petite / grande / ni grande, ni petite / be**lle** / laid**e** / ni be**lle**, ni laid**e** / mince / grosse / ni grosse, ni mince / vieille / jeune / ni jeune, ni vieille ?

....

Quel est votre caractère ? Vous êtes gai(e) / triste / optimiste / pessimiste / patient(e) / vif(-ive), impatient(e) / travailleur / paresseux(-euse) / égoïste / jaloux(-ouse) / sincère, franc(he)…

....

• Les suffixes -erie, -ier, -er…

72. Soulignez le suffixe.

boucher, épicier, blanchisserie, serrurier, libraire, crémerie.

73. Associez les mots selon leur suffixe.

boucher, pâtissier, crémier, boulanger, poissonnier, teinturerie, serrurerie.

....

74. Marchand et magasin.

Ex. : *l'épicier* / *l'épicerie*.

1. le boucher / ....

2. le boulanger / ....

3. le crémier / ....

4. le pâtissier / ....

5. le poissonnier / ....

6. le libraire / ....

75. Soulignez le mot base et chassez le suffixe intrus.

boucher, boulanger, teinturier.

76. Soulignez le mot base et chassez le suffixe intrus.

boulanger, épicier, serrurier, crémier, teinturier, poissonnier.

77. Chassez l'intrus.

serrurier, épicier, pâtissier, crémier, libraire.

78. Qu'est-ce que c'est ?

2. C'est une ....

1. C'est un ....

4. C'est une ....

3. C'est une ....

5. C'est une ....

79. Quel est le féminin des mots suivants ?

1. blanchisseur → ....

2. boucher → ....

3. boulanger → ....

4. épicier → ....

5. fleuriste → ....

6. libraire → ....

7. pâtissier → ....

8. poissonnier → ....

80. Associez les éléments de façon correcte.

Dans...	j'achète
1. une poissonnerie	**a.** de l'huile
2. une crémerie	**b.** du pain
3. une épicerie	**c.** de la viande
4. une librairie	**d.** du poisson
5. une boulangerie	**e.** du lait et du fromage
6. une boucherie	**f.** des livres

81. Donnez des mots de la même famille. Vous préciserez s'ils sont masculins ou féminins. (Vous pouvez regarder dans un dictionnaire.)

Ex. : *serrurier (m.) / serrurerie (f.) / serrure (f.)*

1. poissonnier ....

2. épicier ....

3. crémier ....

4. blanchisseur ....

5. libraire ....

82. Complétez par « à » ou « chez ».

1. Je vais .... le boulanger.

2. Je vais .... l'épicerie.

3. Je passe .... la blanchisserie.

4. Je passe .... le teinturier.

5. Je suis allé .... la poissonnerie.

6. Je suis allé .... le poissonnier.

83. Qui est-ce ?

C'est ....

84. Mots croisés.

Horizontalement

1. On y lave le linge.
5. Il nettoie les vêtements.
8. J'y achète de la moutarde, des boîtes de conserve…
11. On y vend des gâteaux.

Verticalement

I. J'y achète des baguettes, des croissantes, des petits pains au chocolat…
V. On y trouve du camembert, du gruyère…
IX. Le serrurier la fabrique…
XI. On y trouve des romans, des essais, des recueils de poésie…

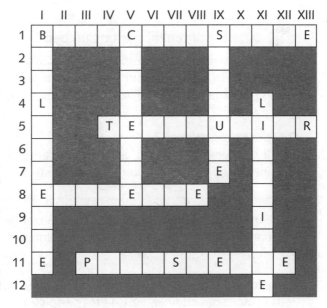

85. Vous faites des courses. Complétez les phrases.

Vous allez à la .... et vous achetez une baguette. Puis vous passez chez le .... et vous achetez une sole. Ensuite, vous allez à la .... et vous achetez un gâteau. Vous entrez chez le .... et vous achetez des roses. À l'................................. vous achetez du sucre, de la moutarde et des petits pois. Chez la ...., vous prenez un rôti de veau. Et vous rentrez chez vous.

86. On découvre d'autres mots.

Cochez la ou les bonnes réponses.

1. Conseiller, c'est
   - ❑ **a.** donner son avis sur une question.
   - ❑ **b.** écouter.
   - ❑ **c.** connaître.

2. Une tache est
   - ❑ **a.** un animal.
   - ❑ **b.** un travail.
   - ❑ **c.** une marque sale.

3. Une entrée est
   - ❑ **a.** la première pièce après la porte de la maison.
   - ❑ **b.** un plat en début du repas.
   - ❑ **c.** l'action d'entrer.

4. Une clé, c'est
   - ❑ **a.** une note de musique.
   - ❑ **b.** un instrument pour ouvrir et fermer une serrure.
   - ❑ **c.** une fleur.

5. Délicieux =
   - ❑ **a.** très mauvais.
   - ❑ **b.** très doux.
   - ❑ **c.** très bon.

87. Et maintenant parlons un peu !

Répondez oralement aux questions en choisissant les réponses les plus exactes !
Reliez bien vos réponses pour composer un petit récit.
(Quand c'est nécessaire, utilisez des pronoms, des mots de liaison : *et, mais, puis, parce que, quand...*)

On va faire les courses ?
Est-ce que vous allez chez les commerçants chaque jour / deux fois par semaine / le dimanche / le soir après le travail ou les cours ?

....

Est-ce que vous allez chez l'épicier / chez le crémier / chez le boucher / chez le poissonnier / chez le boulanger / chez le teinturier ?

....

Vous aimez cuisiner pour vos amis, est-ce que vous faites souvent la cuisine ?
Vous n'aimez pas cuisiner, vous faites parfois / rarement la cuisine ?

....

Quels plats préparez-vous ?

....

• Les suffixes -ier/-ière, -ier ou -er...

88. Soulignez le suffixe.

pêcher, soupière, saucière, théière, saladier, pommier.

89. Quelle différence y a-t-il entre les mots suivants ?

cafetière, salière, théière, beurrier, cendrier, sucrier.

....

90. Chassez l'intrus.

cafetière, salière, saucière, soupière, saladier.

91. Chassez l'intrus.

poirier, citronnier, fraisier, pommier, oranger.

92. Chassez l'intrus.

pommier, poirier, citronnier, fraisier, cendrier.

93. Chassez l'intrus.

saladier, poivrier, beurrier, sucrier, rosier.

94. Il y a du café dans la cafetière.

1. Il y a de la salade dans ....
2. Il y a du sucre dans ....
3. Il y a des cendres dans ....

4. Il y a de la sauce dans ....

5. Il y a du thé dans ....

6. Il y a du beurre dans ....

7. Il y a du sel dans ....

8. Il y a du poivre ....

95. Donnez des verbes de la même famille.

1. sel → ....

2. sucre → ....

3. beurre → ....

4. poivre → ....

96. Des fruits et des arbres.

1. Il y a des cerises dans ....

2. Il y a des citrons dans ....

3. Il y a des poires dans ....

4. Il y a des pommes dans ....

5. Il y a des fraises dans ....

6. Il y a des roses dans ....

7. Il y a des oranges dans ....

8. Il y a des pêches dans ....

97. Mettre de l'ordre dans ce désordre !

R	S	C	U	R	E	I

1. On y met le sucre. → ....

A	L	S	D	A	E	R	I

2. On y met de la salade. → ....

P	U	O	S	R	E	I	E

3. On y met de la soupe. → ....

H	E	T	E	R	E	I

4. On y met du thé. → ....

V	R	O	P	R	E	I	I

5. On y met du poivre. → ....

98. Mots croisés.

Horizontalement

1. Arbre qui donne un petit fruit rond, rouge et sucré.

4. Arbre qui donne une fleur qui peut être rose, blanche, rouge, jaune, orangée…

4. Arbre qui donne un fruit assez gros, rond, vert, jaune, rouge…

8. Arbre qui donne un fruit sucré formé de quartiers avec une peau orange.

Verticalement

I.   Arbre qui donne un fruit acide formé de tranches, avec une peau jaune.

V.   Arbre qui donne un fruit plus petit que le 4 horizontal, plus gros que le 1 horizontal. Le fruit a un gros noyau à l'intérieur, et une peau fine, verte, jaune ou rouge.

IX. Arbre qui donne un fruit long, jaune ou vert.

XII. Plante qui donne un fruit, sucré, rouge, rond ou long.

	I	II	III	IV	V	VI	VII	VIII	IX	X	XI	XII	XIII	XIV
1	C				S				R			F		
2														
3					P				P					
4	R				E	R			P	O		I		R
5														
6														
7														
8				O	R				E	R		R		
9									R					
10														

99. Citez d'autres fruits et d'autres arbres fruitiers (de votre pays ou d'un autre pays).

....

....

....

100. On découvre d'autres mots.

1. Qu'est-ce que c'est ?

2. Qu'est-ce que c'est ?

3. Un mégot est un bout de cigarette ou un gâteau ?

....

4. Complétez les phrases en utilisant les verbes suivants : *laver, poser, ramasser, ranger, respirer.*

– Je suis près de la mer ; je .... l'air de la mer.

– Mon jean est sale ; je vais le ....

– Les pommes tombent du pommier ; je .... les pommes et je les mange.

– Où sont mes lunettes ? Où sont mes lunettes ? Ah, les voilà ! Je les .... toujours sous mes livres.

– Elle .... ses livres sur une étagère.

---

101. Et maintenant parlons un peu !

Répondez oralement aux questions en choisissant les réponses les plus correctes ! Reliez bien vos réponses pour composer un petit récit.
(Quand c'est nécessaire, utilisez des pronoms, des mots de liaison : *et, mais, puis, parce que, quand…*)

On mange !
Est-ce que vous prenez vos repas à la cuisine / dans la salle à manger / dehors dans un restaurant / dans un café / au restaurant universitaire / est-ce que vous mangez un sandwich dans la rue ?

....

Vous prenez vos repas à la cuisine parce que vous êtes seul(e) / dans la salle à manger parce que vous avez des enfants / dehors parce que vous habitez loin de votre travail ? Vous mangez un sandwich dans la rue, parce que vous n'avez pas d'argent / parce que vous n'avez pas le temps ?

....

....

•••

1. ON FORME LES MOTS • 2. Les suffixes

47

•••

Quand vous prenez vos repas chez vous, est-ce que vous mettez la table ? Est-ce que vous posez sur la table les assiettes, les couverts, le saladier, le poivrier, la salière, la soupière, la saucière ?

....

....

Après le repas, vous prenez du café ?

....

Qu'est-ce que vous mettez sur le plateau quand vous servez le café ? Est-ce que vous mettez les tasses, la cafetière, les petites cuillères, le sucrier ? Est-ce que vous mettez un cendrier ?

....

• Les suffixes -age, -tion

102. Soulignez le suffixe.

atterrissage, bavardage, communication, conversation, discussion.

103. Associez les mots suivants et constituez deux groupes selon le suffixe et le genre (masculin ou féminin).

bricolage, organisation, décollage, bronzage, réservation, information.

....

104. Associez les éléments.

1. bricolage	a. fer à repasser
2. jardinage	b. avion
3. maquillage	c. voitures
4. bronzage	d. clou, marteau
5. décollage	e. bêche, pioche
6. bavardage	f. rouge à lèvres
7. embouteillage	g. soleil
8. repassage	h. parole

105. Donnez le nom (accompagné de l'article indéfini) formé sur les verbes suivants.

Ex. : *interroger* → *une interrogation*

1. informer → ....

inviter → ....

déclarer → ....

observer → ....

2. expliquer → ....

communiquer → ....

éduquer → ....

fabriquer → ....

3. organis**er**   →   ....

informatis**er**   →   ....

génralis**er**   →   ....

utilis**er**   →   ....

106. Complétez les phrases avec les verbes suivants : *atterrir, bavarder, bricoler, décoller, jardiner, maquiller.*

1. Elles parlent, elles parlent, elles adorent .... pendant des heures.

2. L'avion .... à huit heures du matin de Paris et il .... à 14 heures à New-York.

3. Il fait tout dans la maison. La machine à laver ne marche plus, il répare la machine, l'ordinateur est en panne, il répare l'ordinateur, il n'y a pas de lit, il fabrique un lit avec du bois. Il aime ....

4. Il est dans son jardin tous les jours. Il ....

5. Dans son sac, elle a un tube de rouge pour .... ses lèvres, un crayon noir pour .... ses yeux et une poudre bleue ou brune pour .... ses paupières.

107. Mots croisés.

Horizontalement

1. Quand il y a beaucoup de voitures au même endroit, en même temps, il y a un…

4. Lorsqu'un avion quitte le sol, c'est le moment du…

8. À quelle heure passe l'autobus ? Quelles sont les heures de… de l'autobus 89 ?

11. Le soleil est chaud ; elle va rester sur la plage toute la journée et son… sera parfait.

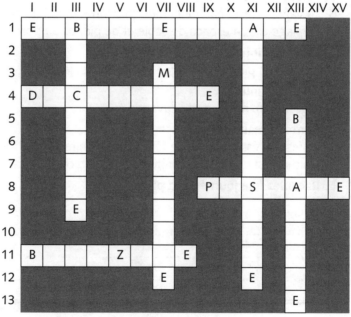

Verticalement

III. Il aime bien travailler avec ses mains, il aime bien le…

VII. L'actrice va entrer en scène, mais avant, elle met de la crème sur son visage, du rouge sur ses lèvres et ses joues, du bleu ou du noir sur ses yeux, avant, il y a le…

XI. Lorsqu'un avion descend vers le sol, c'est le moment de l'…

XIII. Bla, bla, bla, bla … Quel…

108. Complétez les phrases à l'aide des mots suivants : *communication, conversation, discussion, explication, information, invitation, organisation, réservation.*

1. Quel est le prix d'une .... téléphonique en France ?

2. Est-ce que tu as fait des .... pour *la Flûte enchantée* à l'Opéra de Paris ? Sans .... nous n'aurons pas de places.

3. Quelle .... avez-vous pour votre retard ?

4. Je suis très occupée par l'................................. du pique-nique.

5. Jean et Marie n'ont pas les mêmes opinions politiques. Entre eux, il y a toujours des ....

6. Il est toujours devant son téléviseur à 20 heures pour écouter les ....

7. Tu as envoyé les .... pour ton mariage ?

8. Jean est très intelligent. J'aime beaucoup les .... que nous avons entre nous.

---

109. On découvre d'autres mots.

1. Vrai ou faux ?

	Vrai	Faux
1. L'odeur, c'est ce qu'on sent avec le nez.	❑	❑
2. La lavande est un animal.	❑	❑
3. Le sable est un gâteau.	❑	❑
4. Un plongeon est un poisson.	❑	❑
5. Nager, c'est avancer dans l'eau.	❑	❑
6. La vague, c'est l'eau de la mer qui monte et qui descend.	❑	❑
7. La plage est un espace de sable et de pierres au bord de la mer.	❑	❑

2. Chassez l'intrus.
la mer, nager, plongeon, vague, plage, sable, jardin.

3. Chassez l'intrus.
voyage, avion, hôtel, partir, lavande.

4. Barrez la mauvaise réponse.
1. Le festival est un repas de fête / une manifestation musicale ou théâtrale.
2. Un short est une culotte courte pour le sport ou les vacances / une race de chiens.

5. Racontez une journée à la plage.

....

....

....

....

110. Et maintenant parlons un peu !

Répondez oralement aux questions en choisissant les réponses les plus correctes ! Reliez bien vos réponses pour composer un petit récit.
(Quand c'est nécessaire, utilisez des pronoms, des mots de liaison : *et, mais, puis, parce que, quand…*)

En vacances
Pendant les vacances, vous allez à la mer / vous n'allez pas à la mer ?

....

Est-ce que vous aimez / vous n'aimez pas faire du bronzage sur une plage ?

....

Vous aimez visiter des pays, des villes / vous n'aimez pas visiter les pays, les villes ?

....

Est-ce que vous prenez l'avion ?

....

Est-ce que vous aimez / vous n'aimez pas le moment du décollage et de l'atterrissage ?

....

• Les suffixes -al(e), -el(le), -ement, -ment

111. Soulignez le suffixe.

changement, enseignement, remboursement, également, génial, musical, habituel.

112. Associez les mots suivants selon le suffixe.

abonnement, commercial, audiovisuel, déménagement, médical, maternel.

....

113. Donnez le féminin des adjectifs.

1. commercial → ....

2. médical → ....

3. musical → ....

4. habituel → ....

5. maternel → ....

6. naturel → ....

114. Dites si les mots suivants sont des noms ou des adverbes et soulignez le suffixe.

Ex. : *abonn**ement** (nom) / complète**ment** (adverbe)*.

1. entraînement – **2.** naturellement – **3.** emménagement – **4.** heureusement – **5.** également – **6.** rangement – **7.** encombrement – **8.** courageusement

1. ....

....

115. Quel est le mot base ? Un verbe ou un adjectif ?

Ex. : *rangement* (c'est un nom) ; le mot base est le verbe « ranger ».
naturellement (c'est un adverbe) ; le mot base est l'adjectif « naturel ».

1. changement → ....

2. médicalement → ....

3. enseignement → ....

4. musicalement → ....

5. rapidement → ....

116. Donnez des mots de la même famille (vous pouvez chercher dans un dictionnaire).

Ex. : *rapide, rapidité, rapidement.*

1. abonnement → ....

2. enseignement → ....

3. entraînement → ....

4. commercialement → ....

5. musicalement → ....

6. naturellement → ....

117. Complétez avec les mots suivants : *abonnement, changement, déménagement, emménagement, encombrement, enseignement, entraînement, rangement, remboursement.*

1. Elle est malade. Elle ne prendra pas le train. Elle va demander le .... de son billet de train.

2. Tous les dimanches, il va au stade pour son ....

3. Chaque année, nous prenons un .... pour les spectacles de l'Opéra.

4. Six heures du soir. Les gens sortent des bureaux. Il y a beaucoup de voitures dans les rues. C'est l'heure des ....

5. Je vais quitter mon appartement. Après mon .... et mon .... dans un autre appartement, j'irai à la poste pour signaler mon .... d'adresse.

6. Ce lycée n'est pas un grand lycée, mais l'................................. y est excellent.

7. Quel désordre dans cette chambre ! Allez, il faut faire du ....

118. Choisissez le mot correct : *audiovisuel, commercial, génial, habituel, maternel, médical, musical, naturel* (faites l'accord).

1. Cet enfant est très intelligent, il est ....

2. Tous les employés de l'entreprise passent une visite .... une fois par an.

3. Aujourd'hui, on remet les ours dans leur milieu ....

4. – Rendez-vous demain à deux heures ou à trois heures ?

– À trois heures comme aujourd'hui, comme hier.

– Alors, à demain, à l'heure ....

5. Elle achète ses vêtements, la viande, le pain, le lait, etc. dans un centre ....

6. C'est le père de ma mère, c'est mon grand-père ....

7. Elle entend toutes les notes de musique, elle a l'oreille ....

8. J'utilise une méthode .... pour apprendre le russe.

119. Choisissez le mot correct : *complètement, courageusement, également, heureusement, naturellement, rapidement.*

1. Cette nouvelle coiffure la change .... C'est une autre femme.

2. Il est intelligent. Il comprend ....

3. Elle lit les grands auteurs, Proust, Balzac, Shakespeare, Cervantès…, elle lit .... des romans policiers.

4. Il est deux heures du matin. Elle est seule dans la rue, mais elle marche .... Elle n'a pas peur.

5. Elle est tombée, mais .... ce n'est pas grave.

6. – Tu comprends ?

– .... ! Je ne suis pas bête !

120. Mots croisés.

Horizontalement

1. Synonyme de : embouteillage.

4. Adverbe formé sur l'adjectif « naturel ».

7. Aujourd'hui c'est le jour du déménagement et de l'…

10. Tu as une très bonne idée, tu as une idée…

13. Une pièce de théâtre où on chante est une comédie…

Verticalement

I. Adverbe synonyme de « aussi ».

III. Nom formé sur le verbe « changer ».
Il fait beau mais la météo annonce un… du temps.

IX. Adjectif masculin formé sur le mot « médecine ».

XV. Les sportifs en ont tous besoin.

	I	II	III	IV	V	VI	VII	VIII	IX	X	XI	XII	XIII	XIV	XV
1	E		C									T			
2															E
3															
4			N		T								E		T
5															
6															
7	E		M						M			T			
8															N
9	T														
10			T			G			I			E			
11															
12															
13			M						L	E					T

121. Devinette, charade.

Mon premier est une exclamation : ....

Mon deuxième est un préfixe qui signifie « deux » : ....

Mon troisième est un pronom sujet de la deuxième personne du singulier ; « je, … »

Mon quatrième est un suffixe d'adjectif : ....

Et mon tout signifie : que l'on fait tout le temps : ....

122. On découvre d'autres mots.

1. Barrez la ou les mauvaises réponses.

1. La **rentrée** des écoles en France est en mars / en novembre / en septembre / en février.

2. Pendant les **vacances** on travaille / on ne travaille pas.

3. Étoile et Concorde sont des noms de places / de stations de métro à Paris.

4. Je prends une **valise** pour aller à l'école / pour voyager.

5. Quand je **défais** une valise, je pars en voyage / je rentre de voyage.

6. Je vais au **conservatoire** pour ranger mes affaires / pour étudier la musique.

7. La vie **quotidienne**, c'est la vie à la campagne / de tous les jours.

8. **Courir**, c'est avancer rapidement / avoir un cours.

9. **Inscrire**, c'est écrire pour ne pas oublier / écrire son nom ou le nom de quel-qu'un sur une liste/ rire.

2. Prochain(e) : attention à la place de ce mot.
On dit : Je descends au **prochain** arrêt.
    On pense à un **prochain** déménagement.
    Je vous verrai à la **prochaine** occasion.

3. Quelle est la place de « prochain » avec les mots : *semaine, mois, année*. Que remarquez-vous ? Quelle est la valeur de ces mots ?

123. Et maintenant parlons un peu !

Répondez oralement aux questions en choisissant les réponses les plus correctes ! Reliez bien vos réponses pour composer un petit récit.
(Quand c'est nécessaire, utilisez des pronoms, des mots de liaison : *et, mais, puis, parce que, quand…*)

C'est la rentrée !
Est-ce que vous habitez dans une grande ville / dans une petite ville ?
....

Après les vacances, vous retrouvez les encombrements dans votre ville ? Il y a beaucoup de voitures / il n'y a pas beaucoup de voitures dans votre ville ?
....

Vous continuez à faire du sport après les vacances / vous ne faites pas de sport ?
....

Quel sport pratiquez-vous ? Vous faites du football / du basket / du tennis / du judo… ?
....

Vous allez à l'entraînement une fois /deux fois / trois fois … par semaine ? Vous n'allez pas à l'entraînement ?

....

BILAN II

1 **Vrai ou faux ?**

	Vrai	Faux
1. Le suffixe est un mot.	❑	❑
2. Le suffixe est un groupe de lettres.	❑	❑
3. Le suffixe est après le radical.	❑	❑
4. Le suffixe change le sens d'un mot.	❑	❑
5. Le suffixe change la nature des mots.	❑	❑

(5 points)

2 **Lisez ce texte.**

Une rue ordinaire

C'est une rue ordinaire, une rue comme les autres rues de la ville. Le jour, il y a de l'animation, de l'agitation et même parfois de la violence. La nuit, c'est la tranquillité, le calme.

5 On y rencontre des gens jeunes ou vieux et des gens beaux ou laids, des personnes tristes ou gaies, des hommes forts ou faibles, des gens bêtes ou intelligents, des personnes méchantes ou gentilles. On y rencontre des optimistes et des pessimistes. On y rencontre des hommes et des femmes de tous les pays : de France, d'Amérique, d'Allemagne, du Maroc, d'Algérie, du
10 Japon, de Chine, de Turquie…

La rue n'est pas très longue, elle n'est pas très large. Elle a la longueur et la largeur des autres rues. C'est une rue ordinaire. On y trouve des épiceries, des boucheries, des boulangeries, des blanchisseries, des poissonneries, des librairies. Il y a des magasins de bricolage, de jardinage, des magasins d'objets
15 pour la maison. On y vend des aspirateurs, des théières, des soupières, des saladiers, des beurriers, des séchoirs à linge, des bouilloires. Dans d'autres magasins on peut acheter des ordinateurs ou des téléviseurs. Sur les trottoirs, on voit des horodateurs. On entend des conversations, des discussions. Parfois des gens déménagent et vont emménager dans une autre rue.
20 C'est l'heure des embouteillages, c'est l'heure d'aller au marché, au bureau. Qui sont tous ces gens dans la rue ? On imagine. Une jeune secrétaire pressée, un informaticien qui pense à son programme, une danseuse qui rêve : « Un jour, je danserai à l'Opéra ! » ; un acteur qui rêve aussi : « Un jour, mon nom sera sur les murs de la ville ! » ; un professeur qui enseigne dans
25 le collège du quartier. Il pense à ses élèves. C'est naturel. Aujourd'hui, il va leur enseigner des règles difficiles. Une jeune fille fait du jogging. Elle veut avoir la minceur des mannequins.

Il y a des femmes qui vont au centre commercial. Des enfants qui vont à l'école. Une mère qui encourage avec douceur son petit garçon.
30 Parfois on entend des musiciens. Un violoniste, un guitariste et un saxophoniste jouent des airs connus. Parfois, c'est une chanteuse qui chante seule. Les passants écoutent un moment et donnent quelques pièces de monnaie. C'est une rue ordinaire, avec sa beauté et sa laideur.

❸ Le suffixe -(t)ion.
Trouvez quatre mots en -(t)ion dans le texte.   *(1 point)*

❹ Formez des noms.
Formez des noms sur les adjectifs : *jeune, vieux, faible, triste, gentille.*

....

Formez des noms sur les adjectifs : *beau, gai, méchant.*

....

Formez des noms sur les adjectifs : *bête, laid, intelligent.* **(1,5 point)**

....

❺ Donnez des adjectifs de nationalité au masculin et au féminin.
Je suis d'Algérie, je suis ....

Je viens d'Allemagne, je suis ....

Je viens d'Amérique, je suis ....

Je suis de Pékin, je suis ....

Je viens du Japon, je suis ....

J'habite la France, je suis ....

J'habite le Maroc, je suis ....

Je viens de Turquie, je suis .... *(2 points)*

❻ Donnez les noms formés sur *long* et *large*.

.... *(0,5 point)*

❼ Le suffixe -(t)eur : relevez dans le texte des noms en -eur et montrez que ce suffixe peut former :
– des noms de personnes qui exercent un métier

....

– des noms d'objets

....

– des noms qui marquent une caractéristique

....

– des noms qui marquent la dimension

.... *(2 points)*

❽ Les noms de métier.
a) Relevez dans le texte un nom de métier en -aire et formez un autre nom de métier sur le mot « bibliothèque ».

....

b) Relevez :

– deux noms de métier en -ien : ....

– trois noms de métier en -iste : ....

– deux noms de métier en -eur, euse : ....

Formez un nom sur le verbe « vendre » .... *(3 points)*

❾ Les magasins et les marchands.
Relevez dans le texte les noms des magasins et donnez le nom du marchand.

....

.... *(3 points)*

❿ Formez un nom sur chacun des mots suivants : *déménager, emménager, enseigner.*

....

.... *(0,5 point)*

⓫ Formez un adverbe sur le mot *naturel* **et le mot** *difficile.*

.... *(0,5 point)*

⓬ Relevez dans le texte des noms d'objets en -ier et en -ière.
en -oir et en -oire.

....

.... *(1 point)*

3 • Un ce n'est pas assez :
les mots composés

• Les noms composés

1. Associez les termes pour former des noms composés (plusieurs combinaisons sont possibles).

A	B
1. beau	**a.** enfants
2. beaux	**b.** fille
3. belle	**c.** fils
4. grand	**d.** frère
5. grands	**e.** mère
6. petit	**f.** parents
7. petite	**g.** père
8. petits	**h.** sœur

2. Du masculin au féminin.

1. Mon grand-père paternel est anglais.

....

2. Mon beau-frère est avocat.

....

3. Mon beau-père n'est pas très vieux.

....

4. Mon petit-fils est très gentil.

....

3. Mettez de l'ordre dans la famille.

E	A	P	E	E	U	R	B	–

1. C'est le père de ma femme. → C'est ....

E	A	P	D	S	N	R	G	R	A	N	S	T	–

2. Ce sont les parents de mes parents. → Ce sont ....

E	L	E	B	L	Œ	U	S	R	–

3. C'est la sœur de ma femme ou la femme de mon frère. → C'est ....

E	T	T	S	I	P	F	A	N	N	E	S	T	–

4. Ce sont les enfants de mes enfants. → Ce sont ....

E	U	X	A	B	P	R	A	N	T	E	S	–

5. Ce sont les parents de ma femme. → Ce sont ....

4. On découvre d'autres mots.

Cochez la ou les bonne(s) réponse(s).

1. Un accent est
- ❑ **a.** une façon de parler, de prononcer une langue.
- ❑ **b.** un signe sur une voyelle.
- ❑ **c.** une fleur.

2. Elle a beaucoup d'affection pour Marie =
- ❑ **a.** elle n'aime pas Marie.
- ❑ **b.** elle connaît Marie.
- ❑ **c.** elle aime beaucoup Marie.

3. Le métro est en grève. =
- ❑ **a.** le métro est dans station.
- ❑ **b.** Le métro roule.
- ❑ **c.** Le métro ne roule pas.

4. Il y a un an =
- ❑ **a.** cette année.
- ❑ **b.** l'année prochaine.
- ❑ **c.** l'année dernière.

5. Il est vivant. =
- ❑ **a.** Il est mort.
- ❑ **b.** Il n'est pas mort.
- ❑ **c.** Il est agité.

5. Et maintenant parlons un peu !

Répondez oralement aux questions en choisissant les réponses les plus correctes ! Reliez bien vos réponses pour composer un petit récit.

(Quand c'est nécessaire, utilisez des pronoms, des mots de liaison : *et, mais, puis, parce que, quand…*)

Ma famille

Vos parents sont français / anglais / espagnols / italiens / marocains / mexicains…?

....

Vous avez des frères et des sœurs / vous avez un, deux, trois…frères, une, deux, trois… sœurs ? / Vous n'avez ni frères ni sœurs.

....

Vous avez vos grands-parents paternels / vos grands-parents maternels…

....

Une de vos sœurs, un de vos frères est marié(e) et vous avez une belle-sœur, un beau-frère / vous n'avez ni beau-frère, ni belle-sœur.

....

Vos parents ont des petits-enfants, des petits-fils, des petites-filles ? Vos parents n'ont ni petit-fils, ni petite-fille. ....

• Les noms composés (suite)

6. Associez les termes des deux colonnes de manière à former des noms composés (avec ou sans trait d'union).

1. petit	**a.** serviettes
2. abat	**b.** pièces
3. lave	**c.** dessinée
4. porte	**d.** déjeuner
5. deux	**e.** jour
6. porte	**f.** linge
7. bande	**g.** parapluies.

7. Qu'est-ce que c'est ?

1. ....

2. ....

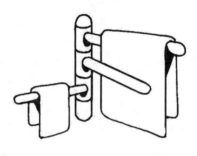

3. ....

8. Quelle préposition ? « à » ou « de » ? Avec ou sans trait d'union ?

Dans mon studio, au rez .... chaussée, il y a une chambre ....
coucher, une salle .... séjour, une salle .... manger et une salle
.... bains. Dans la chambre .... coucher, j'ai une jolie lampe
.... chevet sur une petite table .... nuit. Aux murs, il y a un
tableau, mais ce n'est pas un chef .... œuvre.

9. Complétez les phrases suivantes.

1. Nous lavons le linge dans des ....

2. Ils mettent les lettres dans les ....

3. Beaucoup de gens n'aiment pas habiter près de la rue, ils n'aiment pas les

....

4. Il y a généralement des douches dans les ....

5. Dans toutes les .... il y a un lit.

6. Dans les .... il y a toujours une table et des chaises.

7. Dans les musées, il y a des tableaux et ce sont des ....

8. Sur toutes les .... il y a des lampes pour lire la nuit.

10. On découvre d'autres mots.

Choisissez la bonne réponse.

1. Je suis propriétaire d'un appartement : l'appartement n'est pas à moi / l'appartement est à moi.

2. Je suis locataire : l'appartement est à moi / l'appartement n'est pas à moi.

3. Les passants sont des choses qui passent, qui ne durent pas / des gens qui passent dans la rue.

4. Un ascenseur en panne marche / ne marche pas.

5. L'inox est un animal / un métal.

6. Le géranium est un métal / une fleur.

7. J'admire une chose ou une personne qui est belle / qui est laide.

11. Et maintenant parlons un peu !

Répondez oralement aux questions en choisissant les réponses les plus exactes !
Reliez bien vos réponses pour composer un petit récit.

(Quand c'est nécessaire, utilisez des pronoms, des mots de liaison : *et, mais, puis, parce que, quand…*)

C'est chez moi !
Vous habitez au rez-de-chaussée / au premier / au deuxième / au troisième étage / une maison.

....

Vous avez une / deux / plusieurs pièces dans votre appartement / dans votre maison ?

....

Vous avez une chambre à coucher / vous avez une salle de séjour / vous avez une salle à manger. Vous n'avez pas de salle de séjour, pas de salle à manger ?

....

Dans la chambre à coucher, près de votre lit vous avez une table de nuit / vous n'avez pas de table de nuit.

....

Sur votre table de nuit, vous avez une lampe de chevet (comment est-elle ?), vous n'avez pas de lampe de chevet.

....

Vous avez une salle de bains, une douche…

....

Dans la cuisine, vous avez un lave-vaisselle, vous n'avez pas de lave-vaisselle. Vous avez un lave-linge / vous n'avez pas de lave-linge.

....

• Les noms composés (suite)

12. Associez les termes des deux colonnes de manière à retrouver des noms composés (avec ou sans trait d'union), puis mettez ces mots au pluriel quand c'est possible.

1. chou	**a.** perdu		....
2. pois	**b.** pois		....
3. crème	**c.** fleur		....
4. foie	**d.** bouchon		....
5. petit	**e.** chiche		....
6. petit	**f.** monnaie		....
7. pain	**g.** pain		....
8. grille	**h.** fouettée		....
9. tire	**i.** gras		....
10. porte	**j.** four		....

13. Quelle est la préposition ?

Un pot .... feu ; une pomme .... terre.

Mettez ces mots au pluriel.

....

14. Complétez les phrases suivantes.

1. Je garde mon argent dans un ....

2. J'ouvre la bouteille avec un ....

3. Je peux manger des toasts, j'ai acheté un ....

4. J'achète une boîte de .... extra-fins.

15. Une recette.

Quelle est la recette du pain perdu ?

....

....

....

....

16. Proposez un menu avec une entrée, un plat principal et un dessert.

....

....

....

....

....

....

....

17. Devinettes, charades.

1. Mon premier est la capitale de la France : ....
Mon deuxième est un petit signe pour séparer : ....
Mon troisième est une ville française, un port de Bretagne : ....
Et mon tout est un gâteau : ....

2. J'achète mon premier chez le boulanger : ....
Mon second est le contraire de « trouvé » : ....
Et mon tout est un gâteau : ....

18. On découvre d'autres mots.

Barrez la mauvaise réponse.

1. Pour manger la soupe j'utilise | une fourchette | une cuillère | .

2. Le poireau est | un fruit | un légume | .

3. Le navet est | un légume | un animal | .

4. La carotte est | une fleur | un légume | .

19. Et maintenant parlons un peu !

**Répondez oralement aux questions en choisissant les réponses les plus exactes !
Reliez bien vos réponses pour composer un petit récit.**

(Quand c'est nécessaire, utilisez des pronoms, des mots de liaison : *et, mais,
puis, parce que, quand...*)

Vous aimez, vous n'aimez pas ?
Vous mangez dans un restaurant / vous mangez chez vous.

....

Chez vous ou au restaurant, est-ce que vous mangez parfois une salade de
choux-fleurs, de pommes de terre ou non ?

....

Vous aimez / vous n'aimez pas les salades de choux-fleurs ou de pommes de
terre.

....

Vous aimez les légumes. Quels légumes aimez-vous ? Vous aimez les haricots
verts, les petits pois, les choux-fleurs, les brocolis, les tomates. Est-ce que la
tomate est un légume ou un fruit ?

....

....

Ou bien, peut-être, vous n'aimez pas les légumes. Vous préférez la viande ou
les laitages (le lait, les yaourts, les fromages...).

....

Vous aimez / vous n'aimez pas le foie gras. Vous mangez du foie gras / vous
ne mangez pas de foie gras.

....

●●●

•••

Vous avez déjà mangé du foie gras / vous n'avez jamais mangé de foie gras ?

....

Vous aimez le pot-au-feu / vous n'aimez pas le pot-au-feu.

....

Qu'est-ce qu'il y a dans le pot-au-feu ? Est-ce qu'il y a des légumes ? Est-ce qu'il y a des carottes, des navets, des poireaux, est-ce qu'il y a de la viande ? Est-ce qu'il y a des fruits dans le pot-au-feu ? Est-ce qu'il y a des pommes, des poires, des pêches ?

....

....

Vous aimez la cuisine française / vous n'aimez pas la cuisine française ?

....

• Les noms composés (suite)

20. Associez les termes des deux colonnes de manière à retrouver des noms composés (avec ou sans trait d'union).

1. auto	**a.** over
2. lampe	**b.** vous
3. station	**c.** rural
4. pull	**d.** orange
5. aller	**e.** stop
6. rendez	**f.** service
7. carte	**g.** midi
8. gîte	**h.** torche
9. après	**i.** retour

21. Quelle préposition ? Avec ou sans trait d'union ?

un sac .... dos ; une auberge .... jeunesse ; un sac .... couchage.

22. Complétez les phrases avec les mots suivants : *aller-retour, après-midi, auberge de jeunesse, carte orange, gîte rural, pull-over, sac de couchage.*

1. Beaucoup de Parisiens prennent le métro. Ils ont des ....

2. Dans son armoire, il y a des pantalons et des ....

3. Je voudrais deux .... Paris-Marseille-Paris.

4. Les nuits sont fraîches dans cette région, mais les .... sont très chaud(e)s.

5. Pendant les vacances, des gens vont dans des hôtels, d'autres vont dans des .... ; les jeunes gens vont dans des ....

6. Nous dormons dehors, dans nos ....

23. On découvre d'autres mots.

1. Complétez.

1. Les habitants de Paris sont les ....

2. Les habitants de Rome sont les ....

3. Les habitants de votre ville sont les ....

2. Citez trois saisons : ....

3. Choisissez la bonne réponse.

L'air des villes est pollué = l'air des villes est mauvais pour la santé / l'air des villes est pur, bon.

– Dormir au bord d'une route = dormir sur la route / loin de la route / près de la route.

4. Associez les éléments.

1. Il campe.	**a.** Il marche sous les arbres.
2. Il est à la mer.	**b.** Il monte, il grimpe.
3. Il est à la campagne.	**c.** Il nage.

24. Et maintenant parlons un peu !

Répondez oralement aux questions en choisissant les réponses les plus exactes !
Reliez bien vos réponses pour composer un petit récit.
(Quand c'est nécessaire, utilisez des pronoms, des mots de liaison : *et, mais, puis, parce que, quand…*)

En week-end !
Que faites-vous pendant le week-end ? Vous restez chez vous / vous quittez votre ville ?

....

Quand vous quittez votre ville, vous prenez le train / la voiture / vous faites de l'auto-stop.

....

Est-ce que vous partez seul(e) / avec des amis ?

....

Vous dormez dans des hôtels / dans des auberges de jeunesse / dans des gîtes ruraux / dehors, sous le ciel (à la belle étoile).

....

Vous emportez avec vous un sac à dos / un sac de couchage / une lampe torche.

....

Vous aimez partir sur la route avec des amis et dormir dehors / vous n'aimez pas partir sur la route et dormir dehors.

....

• Les locutions adverbiales

25. Complétez par *à côté, à droite, à gauche, en bas, en face, en haut, là-bas, là-dessous.*

1. Je roule à bicyclette dans Paris. Je roule sur la piste cyclable. ...., il y a la chaussée et les voitures ; .... il y a le trottoir.

2. Je suis à ma fenêtre et je regarde ; ...., il y a des oiseaux qui volent, ... il y a des gens qui marchent ; .... il y a mon voisin qui joue du piano ; .... de l'autre côté de la rue, il y a d'autres immeubles et d'autres gens qui regardent par la fenêtre. Et ...., loin, loin, il y a encore d'autres immeubles. Dans la rue, un homme ouvre un parapluie. Pourquoi ? Qu'est-ce qu'il fait .... ? Il ne pleut pas !

26. Complétez par *à bientôt, à demain, à l'heure, à tout à l'heure, au revoir, de bonne heure, en avance, en retard, tout de suite.*

– Tiens Claude, bonjour, comment vas-tu ? Qu'est-ce que tu fais dehors à six heures du matin ?

– J'aime être dans la rue .... ; j'aime la tranquillité de la ville. Et toi ? Qu'est-ce que tu fais là, Dominique ?

– Moi, j'ai un rendez-vous dans le quartier, mais je suis .... Il n'y a personne dans les bureaux à cette heure. Les bureaux ouvrent normalement à 9 heures.

– Tu sais, les bureaux n'ouvriront pas .... Parfois même, ils ouvrent ...., ils ouvrent à 9 heures et quart. On va au café ?

– Non, je ne crois pas. Au café, on va bavarder, le temps va passer et je ne serai pas .... à mon rendez-vous.

– Bon, toi, tu restes ici et moi je vais au café. Alors, ... ! Je reviendrai.

Deux heures plus tard.

– Tiens, Dominique, tu es toujours là. Les bureaux sont encore fermés, tu vois !

– Oui, c'est vrai. Qu'est-ce que tu fais maintenant ?

– Moi, je vais travailler. Allez, ... et .... !

– Peut-être ....! Je serai encore là, demain, à six heures du matin.

┌─ **27. On découvre d'autres mots.** ─┐

Cochez la bonne réponse.

1. Je prends mon petit-déjeuner à ☐ **a.** midi.
                                          ☐ **b.** sept heures du matin.
                                          ☐ **c.** sept heures du soir.

2. Il va pleuvoir,   ☐ **a.** le ciel est bleu.
                                          ☐ **b.** il y a du soleil.
                                          ☐ **c.** le ciel est gris.

•••

3. Une baguette est
- ❏ **a.** un gâteau.
- ❏ **b.** un morceau de bois.
- ❏ **c.** un pain.

4. Un chien
- ❏ **a.** parle.
- ❏ **b.** chante.
- ❏ **c.** aboie.

5. Un toutou est
- ❏ **a.** un chat.
- ❏ **b.** un oiseau.
- ❏ **c.** un chien.

6. Un escalier est
- ❏ **a.** un morceau de viande.
- ❏ **b.** un fruit.
- ❏ **c.** une suite de marches pour monter et descendre.

28. Et maintenant parlons un peu !

Répondez oralement aux questions en choisissant les réponses les plus exactes ! Reliez bien vos réponses pour composer un petit récit.

(Quand c'est nécessaire, utilisez des pronoms, des mots de liaison : *et, mais, puis, parce que, quand...*)

Dans la rue

Est-ce que vous aimez être dehors de bonne heure / à cinq heures / six heures / sept heures du matin. Vous n'aimez pas être dehors de bonne heure ?

....

Quand vous rencontrez un voisin, vous lui dites au revoir / bonjour.

....

Vous bavardez avec votre voisin et vous le quittez, vous lui dites bonjour / à bientôt / merci / s'il vous plaît / au revoir / à demain ?

....

Vous marchez dans la rue, vous regardez devant /derrière / en haut.

....

Quand vous traversez la chaussée, vous regardez à gauche / à droite / derrière / au-dessus.

....

Vous arrivez au bureau / à l'université / au lycée en avance / en retard / à l'heure ?

....

• Les locutions verbales

29. Choisissez : *avoir* ou *faire* ?

1. Tu .... chaud ? Enlève ton pull. Il .... très chaud dans cette pièce.

2. Il .... – 5°. Il...........................froid, nous .... froid.

3. Ses chaussures sont petites pour elle. Ses chaussures lui .... mal. Elle ......
mal aux pieds.

4. Je ne comprends pas. Les films fantastiques te .... peur. Tu ....
peur et tu les regardes !

30. Associez les éléments.

1. Il est une heure du matin,   **a.** il fait jour.
2. La température est douce,   **b.** faire plaisir.
3. Il est midi,   **c.** il fait nuit.
4. Il est très gentil ; il aime   **d.** il fait bon.

31. Complétez les phrases suivantes.

1. Il est midi et demi et j'ai .... Je crois que je pourrais manger un
poulet entier.

2. Brrr... – 20°, j'ai ....

3. Il est déjà neuf heures du soir. Allez les enfants, au lit ! Vous avez
....

4. Donne-moi un grand verre d'eau, s'il te plaît, j'ai ....

5. Quel soleil ! J'ai ...., je vais entrer dans un magasin climatisé.

6. 2 + 2 = 4 ? Oui, oui, c'est vrai, tu as .... Bravo !

32. Choisissez : *avoir besoin* ou *avoir envie* ?

1. Elle .... d'un croissant.

2. Elle .... d'un dictionnaire pour étudier le français.

3. Il .... d'une voiture de sport.

4. J'............................... d'une voiture pour mon travail.

5. Je suis myope. J'............................... de lunettes.

6. Tu .... d'une robe de Christian Lacroix ? Mais c'est très cher !

7. Vous .... de bonnes chaussures de marche pour ce voyage à pied.

8. Elle .... d'une paire de chaussures à la mode.

33. Associez les éléments des deux colonnes.

1. J'ai sommeil,   **a.** je bois.
2. Il a faim,   **b.** je vais chez le médecin.
3. J'ai soif,   **c.** il est tout rouge.
4. Fais attention,   **d.** Mets un pull !
5. Tu as raison,   **e.** tu vas tomber !
6. Nous avons rendez-vous,   **f.** j'ai fait une erreur.
7. Il a honte,   **g.** il mange.
8. J'ai mal à la tête,   **h.** je dors.
9. Tu as froid ?   **i.** à quatre heures.

34. On découvre d'autres mots.

1. Cochez la bonne réponse.

1. Le lait est
   - ❑ **a.** un liquide blanc nutritif donné par les mammifères.
   - ❑ **b.** un liquide rouge donné par le raisin.
   - ❑ **c.** un liquide incolore alcoolisé.

2. La dent est
   - ❑ **a.** au bout des doigts.
   - ❑ **b.** au bout des pieds.
   - ❑ **c.** dans la bouche. Elle est blanche et sert à manger.

3. Un cartable est
   - ❑ **a.** une carte postale.
   - ❑ **b.** un sac d'écolier.
   - ❑ **c.** un poisson.

4. Une piscine est
   - ❑ **a.** un morceau de viande.
   - ❑ **b.** un fruit.
   - ❑ **c.** un grand bassin où on nage.

35. Et maintenant parlons un peu !

Répondez oralement aux questions en choisissant les réponses les plus exactes !
Reliez bien vos réponses pour composer un petit récit.
(Quand c'est nécessaire, utilisez des pronoms, des mots de liaison : *et, mais, puis, parce que, quand…*)

Qu'est-ce que vous faites ?
– Qu'est-ce que vous faites quand il fait jour à six heures du matin ? Vous sortez de chez vous / vous sortez votre chien / vous restez dans votre lit ?

....

– Qu'est-ce que vous faites quand il fait nuit ? Vous rentrez chez vous ? Chez vous, vous travaillez / vous regardez la télévision / vous lisez / vous sortez / vous marchez seul (e) dans les rues ?

....

....

– Qu'est-ce que vous faites quand il fait bon ? Vous restez chez vous / vous allez au jardin / vous allez au bord de l'eau ?

....

....

– Qu'est-ce que vous faites quand il fait froid ? Vous restez chez vous et vous fermez les fenêtres / vous mettez un pull-over très épais et un manteau, des gants, un bonnet, vous sortez et vous marchez vite ?

....

....

– Qu'est-ce que vous faites quand il fait chaud ? Vous restez chez vous et vous ouvrez les fenêtres / vous allez dans un magasin climatisé / vous entrez dans une salle de cinéma climatisée / vous allez nager à la piscine ou à la mer ?

....

....

1. ON FORME LES MOTS • 3. Les mots composés

⤙🍳 36. Et maintenant parlons un peu !

**Répondez oralement aux questions en choisissant les réponses les plus exactes !
Reliez bien vos réponses pour composer un petit récit.**

(Quand c'est nécessaire, utilisez des pronoms, des mots de liaison : *et, mais,
puis, parce que, quand...*)

Quand...?

– Quand il fait froid, vous avez besoin / vous n'avez pas besoin d'un manteau,
de gants, d'un bonnet ?

....

– Quand il fait chaud, vous mettez / vous enlevez votre manteau, vos gants,
votre bonnet ?

....

– Quand vous avez envie d'un gâteau, vous faites le gâteau / vous allez à la
pâtisserie pour l'acheter ?

....

– Quand vous faites une erreur, vous riez / vous pleurez / vous avez honte ?

....

– Quand vous avez un rendez-vous, vous êtes toujours à l'heure / souvent en
retard / jamais en avance ?

....

– Quand vous avez mal, vous pleurez / vous ne dites rien / vous allez chez le
médecin ?

....

– Quand vous avez peur, vous criez / vous ne dites rien / vous mettez la tête
sous l'oreiller ?

....

– Quand vous faites vos exercices, vous faites attention / vous ne faites pas
attention / vous regardez le plafond ?

....

– Quand on vous fait plaisir, vous dites merci / vous ne dites pas merci / vous
êtes content(e) / vous êtes mécontent(e) ?

....

....

BILAN III

1 **Lisez le texte suivant.**

Elle rentre dans son petit deux-pièces au rez-de-chaussée après une journée de travail. Elle enlève ses chaussures et va à la salle de bains. Vite, sous la douche ! Puis,
elle enfile un vieux pull-over et un jean et elle met dans le lave-linge ses vêtements.
À la cuisine, elle met de l'eau dans la bouilloire et des tranches de pain dans le grille-
pain. Elle a faim et elle a soif. Dans la salle à manger, elle pose le plateau sur la table
et, allongée dans un fauteuil, elle boit du thé mais elle fait attention quand elle boit.
Elle n'aime pas salir son joli tapis ! Elle est contente ; enfin un peu de calme ! En bas,
dans la rue, il y a encore de l'agitation et il fait froid. Dans son salon, il fait bon. Elle
allume le poste et écoute une sonate de Mozart. Il ne fait pas encore nuit, elle n'a
pas sommeil.

Demain, elle a rendez-vous avec son médecin. Elle a mal au dos. Heureusement, son
médecin n'est pas loin, il est à côté, sur le même palier, en face. Elle est toujours à
l'heure à ses rendez-vous. Mais pour le moment, il y a le thé, les toasts bien grillés et
Mozart, tout va bien !

2 **Relevez sept noms composés.**

....
.... *(3,5 points)*

3 **Relevez neuf locutions verbales.**

....
.... *(4,5 points)*

4 **Relevez quatre locutions adverbiales.**

....
.... *(2 points)*

2. On comprend les mots

1 • Quand les mots s'opposent : les antonymes

• Les adjectifs et les noms

1. Associez les mots qui s'opposent.

1. âgée
2. faible
3. lent
4. sombre
5. sucré
6. petite
7. vide
8. étroit
9. vieux
10. vieille

a. clair
b. plein
c. large
d. grande
e. jeune
f. neuf
g. jeune
h. amer
i. fort
j. rapide

2. Donnez le contraire des mots soulignés.

1. Sa jupe est large. ....

2. Ma valise est lourde. ....

3. Elle a les cheveux longs. ....

4. Le tempo de cette sonate est lent. ....

5. J'aime les rues animées des grandes villes. ....

6. Il est arrogant, il marche la tête haute. ....

Il est timide et modeste, il ....

7. Je préfère travailler seule.

Nous préférons ....

3. Complétez la phrase par le mot opposé au mot souligné.

1. En 1950, les gens qui avaient un téléviseur étaient ...., aujourd'hui, ils sont très nombreux.

2. Robert est malade, mais le médecin est là et bientôt il sera ....

3. Cette grande table est solide, mais la petite chaise ancienne est ....

4. J'aime bien les soirées tranquilles chez moi, avec un bon livre et je n'aime pas ces soirées très .... où il y a beaucoup de monde, beaucoup de bruit.

4. Associez les éléments de manière à former des phrases.

1. Nous sommes toujours ensemble,   **a.** ils sont nombreux dans le restaurant à côté.

2. Les nuits sont courtes en hiver,   **b.** ou une bouteille à moitié pleine ?
3. Les trottoirs sont souvent étroits   **c.** nous ne sommes jamais seuls.
4. Quand on habite dans une ville très animée,   **d.** elles sont plus longues en été.
5. Fais attention, cette chaise n'est pas solide,   **e.** et les chaussées larges.
6. Dans ce restaurant les clients sont rares,   **f.** on a envie d'aller dans un endroit plus calme.

7. Est-ce qu'on dit, une bouteille à moitié vide   **g.** elle est fragile et tu peux la casser.

5. Trouvez le contraire des mots soulignés et complétez les phrases.

1. Mon dictionnaire est épais.

Mon cahier est ....

2. Le soir, je mets un pull épais. Il fait frais.

L'après-midi, il fait plus chaud, je porte un chemisier ....

3. Regardez, cet homme porte des poids de 200 kg, il est très fort.

Il ne peut pas porter son cartable, il est ....

4. Je voudrais un café serré, bien fort.

Ajoutez de l'eau dans le café, je voudrais un café ....

5. Cette petite fille est légère comme une plume.

Je suis fatiguée, cette valise pleine de vêtements est trop .... pour moi.

6. C'est l'été, elle porte une robe légère.

C'est l'hiver, elle porte un manteau ...., bien chaud.

7. Je sers le thé tout de suite quand il est encore léger.

Je ne sers pas le thé tout de suite, je le sers quand il est ....

8. Je la connais bien ; elle porte toujours le même chapeau, un vieux chapeau gris.

Non, ce n'est pas possible ! C'est bien elle ? Elle ! Avec un chapeau .... ?

9. Tous les jours, à la même heure, une vieille dame vient s'asseoir sur ce banc.

Parfois, avec elle, il y a une .... femme avec son bébé.

6. Complétez les phrases par le mot opposé au mot souligné.

1. Pour mon ami, le présent est plus important que ...., il n'aime pas regarder derrière lui.

2. Pour Marie, il n'y a pas de présent, il y a seulement, devant elle, le ....

3. « Liberté, égalité, fraternité », c'est la devise de la France. Notre devise à nous, c'est : « à la vie, à la ....! »

4. Dans un gouvernement, il y a un ministère de la Santé, il n'y a pas de ministère de la ....

7. Complétez les phrases avec les noms formés à partir des adjectifs entre parenthèses. Vous pouvez chercher les mots dans un dictionnaire.

1. La *(vieux)* .... et la *(jeune)* .... sont deux moments de la vie.

2. Il y a des gens qui n'aiment pas la *(lent)* .... de la vie à la campagne et qui préfèrent la *(rapide)* .... de la vie en ville.

3. J'aime autant l'*(animé)* .... du jour que la *(tranquille)* .... de la nuit.

4. Est-ce que la *(fort)* .... est une qualité, est-ce que la *(faible)* .... est un défaut ?

5. C'est un verre parfait pour les petits enfants. Admirez la *(solide)* .... et l'*(épais)* .... du verre.

6. Ce tissu est d'une grande *(léger)* ...., mais il est aussi d'une grande *(fragile)* ....

7. Quelle est la *(long)* .... et la *(large)* .... de cette avenue ?

8. Connaissez-vous la *(haut)* .... de la tour sans fin, ce projet d'un architecte français ?

8. Complétez les phrases avec les antonymes des mots soulignés, que vous trouverez dans la liste suivante : *baisser, guéri(e), raccourcir, rajeunir, remplir.* Mettez les infinitifs au temps et au mode qui conviennent.

1. Il n'est plus <u>malade</u>, il est .... Et maintenant il est en bonne santé.

2. Je <u>vide</u> la corbeille, mais peu après je la ....

3. Luc <u>vieillit</u>, mais sa femme, elle, ... Qu'est-ce qu'elle fait ? De la chirurgie esthétique ?

4. Le matin, elle <u>lève</u> le store de la fenêtre, le soir elle le ....

5. Ma jupe est trop courte, je vais l'<u>allonger</u> (ou la rallonger), mais mon manteau est trop long, je vais le ....

9. Mettez au féminin les mots soulignés.

1. Ce pantalon est <u>court</u>, celui-ci est <u>long</u>.

Cette robe est ...., celle-ci est ....

2. Ce manteau est <u>épais</u>, ce pantalon est <u>léger</u>.

Cette veste est ...., cette jupe est ....

3. Son mari est <u>malade</u> mais son fils est <u>bien portant</u>.

Sa femme est .... mais sa fille est ....

4. Ce plafond est <u>haut</u>, ce plafond est <u>bas</u>.

Cette table est ...., cette table est ....

5. Cet homme est <u>jeune</u>, celui-ci est <u>vieux</u>.

Cette femme est ...., celle-ci est ....

6. Dans le magasin, les clientes essayent des vêtements : ce pantalon est trop <u>large</u>, ce chemisier est trop <u>étroit</u>.

Dans le magasin les clientes essayent des vêtements : cette jupe est trop ...., cette robe est trop ....

7. Le baba au rhum est très <u>sucré</u> ! ; le chocolat à 90 % de cacao est très <u>amer</u>.

8. La tarte Tatin est très ...., on fait de la très bonne confiture avec des oranges ....

10. On découvre d'autres mots.

1. Remettez de l'ordre dans ce désordre !

R	U	T	A	Q	R	I	E

1. Partie d'une ville. → ....

E	M	T	N	E	V	E	T

2. Ce qu'on met sur son corps pour le couvrir, habit. → ....

E	G	T	R	A	T	–	E	L	C	I

3. Mot composé : c'est un immeuble très haut. → ....

A	S	T	E	D

4. Terrain fait pour le sport avec des tribunes, des places assises. → ....

2. Complétez les phrases avec les verbes suivants : *aimer, dire, habiter, manger, marcher, passer, penser, porter, regarder, rester, rouler, sortir, travailler, vivre.* **(Mettez-les au temps et au mode qui conviennent).**

1. Cette femme est puéricultrice, elle .... dans une crèche.

2. Tous les matins, elle .... son chien.

3. Elle .... dans un petit studio.

4. Le médecin lui .... : « Ne .... pas de sucre, pas de chocolat. Faites du sport, ... dans un jardin ou dans la rue, une heure chaque jour. Vous serez en bonne santé. »

5. Les jours, les semaines, les mois, les années .... ; la vie ....

6. Elle .... la musique, elle .... Fauré, Schubert, Mozart…

7. Je .... à bicyclette dans Paris.

8. Le dimanche, je ne vais pas au cinéma, je ne vais pas à la campagne, le dimanche je .... chez moi.

9. Ces enfants .... trop la télévision.

10. Elle .... qu'elle doit .... des vêtements à la mode.

11. Nous allons .... au Canada pendant quelques années.

🗣️🍵 **11. Et maintenant parlons un peu !**

Répondez oralement aux questions en choisissant les réponses les plus exactes ! Reliez bien vos réponses pour composer un petit récit. Évitez les répétitions. (Quand c'est nécessaire, utilisez des pronoms, des mots de liaison : *et, mais, puis, parce que, quand…*)

Mon quartier
Où habitez-vous ?

....

Vous habitez dans un quartier ancien / dans un quartier moderne / dans un quartier ancien où il y a des bâtiments modernes ?

....

Votre quartier est animé / calme / tranquille.

....

Dans votre quartier, il y a de petites maisons basses / de grands immeubles très hauts.

....

Dans votre quartier les rues sont étroites / larges / les arbres sont nombreux / rares.

....

Les habitants de votre quartier sont des gens âgés, faibles / les habitants de votre quartier sont des gens jeunes, forts ? Il y a des gens âgés et des gens jeunes ?

....

Qu'est-ce que vous faites dans votre quartier ? Vous allez dans des magasins ? Quels magasins ? Vous allez dans des boulangeries, des boucheries, des épiceries, des librairies ?

....

Est-ce que vous allez dans les cafés de votre quartier ?

....

Qu'est-ce que vous buvez ? Du café / du thé / du chocolat ?

....

Est-ce que vous mettez du sucre dans le café ? Vous aimez le café amer / le café sucré ?

....

Vous êtes content(e) / vous n'êtes pas content(e) d'habiter dans ce quartier ? Vous aimez / vous n'aimez pas votre quartier ?

....

• Les adjectifs et les noms (suite)

12. Récrivez la phrase en donnant le contraire du mot souligné.

Ex. : *Il est très <u>gentil</u>, tout le monde l'aime.* → *Il est très **méchant, personne ne l'aime**.*

1. Cette voiture est <u>bon marché</u>, je vais l'acheter.

....

2. Il est très <u>riche</u>, il n'a pas besoin de l'aide de ses amis.

....

3. J'aime ces tableaux modernes ; je les trouve très <u>beaux</u>.

....

4. Elle est <u>maigre</u> ; elle doit manger plus.

....

5. Tu as les mains <u>sales</u> ? Tu ne peux pas couper le gâteau.

....

6. Cet homme est <u>menteur</u>, je ne le crois pas.

....

7. Tout le monde l'écoute ; il raconte des histoires <u>intéressantes</u>.

....

8. Elle est plus <u>petite</u> que sa sœur.

....

13. Mots croisés.

Horizontalement

1. C'est le contraire de la méchanceté.
5. C'est le contraire de la différence.
9. C'est le contraire de la richesse.
13. C'est le contraire de la sincérité.

Verticalement

I. C'est le contraire de l'égoïsme.
VIII. C'est le contraire de la beauté.
X. C'est le contraire du bavardage.
XII C'est le contraire de la stupidité, de la bêtise.

14. Associez les mots qui s'opposent.

1. beau
2. intéressant
3. pauvre
4. sincère
5. différent
6. méchant
7. bon marché
8. gros
9. intelligent
10. silencieux

a. menteur
b. bavard
c. cher
d. laid
e. ennuyeux
f. riche
g. stupide
h. pareil
i. gentil
j. maigre

15. Définitions : complétez les phrases suivantes.

1. Une personnes qui parle beaucoup est ....

2. Une personne qui ne parle pas est ....

3. Une personne qui dit ce qu'elle pense est ....

4. Une personne qui ne dit pas ce qu'elle pense est ....

5. Une personne qui a beaucoup d'argent est ....

6. Une personne qui n'a pas beaucoup d'argent est ....

7. Une personne qui ne pense qu'à elle est ....

8. Une personne qui ne pense pas à elle, qui ne pense qu'aux autres, est

....

16. Mettez au féminin.

1. Ce manteau n'est pas très cher, il est bon marché.

Cette robe est ....

2. N'aie pas peur, le chat n'est pas méchant, il est très gentil.

N'aie pas peur, ma chatte est ....

3. Ce programme de télévision n'est pas intéressant, il est même ennuyeux.

Cette émission de télévision est ....

4. Ces deux pulls ne sont pas pareils, ils sont vraiment différents.

Ces deux écharpes sont ....

5. Comment sont ces immeubles modernes, beaux ou laids ?

Comment sont ces maisons modernes, ...

6. Il est trop maigre, il a besoin de grossir.

Elle est ....

7. Quel menteur !

....

17. On découvre d'autres mots.

Cochez la ou les bonnes réponses.

1. Une terrasse est
- ☐ **a.** la partie extérieure d'un café.
- ☐ **b.** un jardin.
- ☐ **c.** une table.

2. Quel chiffre correspond à un couple ?
- ☐ **a.** cinq.
- ☐ **b.** un.
- ☐ **c.** deux.

3. Un costume est
- ☐ **a.** une habitude.
- ☐ **b.** un vêtement d'homme composé d'une veste et d'un pantalon.
- ☐ **c.** un déguisement.

4. Chercher est le contraire de
- ☐ **a.** sortir.
- ☐ **b.** descendre.
- ☐ **c.** trouver.

🗣️ 18. Et maintenant parlons un peu !

Répondez oralement aux questions en choisissant les réponses les plus exactes !
Reliez bien vos réponses pour composer un petit récit. Évitez les répétitions.
(Quand c'est nécessaire, utilisez des pronoms, des mots de liaison : *et, mais, puis, parce que, quand…*)

Au café

Est-ce que vous regardez, est-ce que vous observez les gens / vous ne regardez pas les gens, vous n'observez pas les gens ?

....

Les hommes et les femmes sont pareils / différents ?

....

Comment sont les gens ? Grands / petits / beaux / laids / gros / maigres / riches / pauvres / propres / sales / égoïstes / généreux / méchants / gentils / intéressants / ennuyeux ?

....

....

Pour vous, quels sont les plus grands défauts ?

....

Pour vous, quelles sont les plus grandes qualités ?

....

• Les adjectifs

19. Donnez le contraire des mots soulignés.

1. Cet enfant est obéissant, celui-ci est ....

2. Ce commerçant est honnête, son voisin est ....

3. Parfois je suis contente, parfois je suis ....

4. Sois poli, ne sois pas ....

5. Ma sœur est très ordonnée, alors que moi je suis plutôt ....

6. Cette grand-mère est capable de réciter par cœur une centaine de vers ; ses petits-enfants sont .... de réciter par cœur dix vers.

7. Dans la vie, il faut être tolérant et non pas ....

8. Tu trouves ce problème facile ? Moi, je le trouve ....

20. Les mots sont fous ! Retrouvez le bon préfixe négatif.

1. * malprudent → ....

2. * déculte → ....

3. * malpatient → ....

4. * désattentif → ....

5. * incontent → ....

21. Définitions : complétez les phrases suivantes.

1. Une personne qui ne vole pas, qui ne trompe pas, est ....

2. Une personne qui vole, qui trompe, est ....

3. Une personne qui fait ce qu'on lui demande de faire est ....

4. Une personne qui ne fait pas ce qu'on lui demande de faire est ....

5. Une personne qui fait attention au danger est ....

6. Une personne qui ne fait pas attention au danger est ....

7. Une personne qui garde son calme, qui sait attendre, est ....

8. Une personne qui ne garde pas son calme, qui n'aime pas attendre, est
....

9. Une personne qui sait beaucoup de choses est ....

10. Une personne qui ne sait pas grand-chose est ....

22. Donnez le contraire des mots suivants et dites s'ils sont masculins ou féminins.

1. attention → ....

2. honnêteté → ....

3. obéissance → ....

4. ordre → ....

5. patience → ....

6. politesse → ....

7. prudence → ....

8. tolérance → ....

23. Pourquoi écrit-on ainsi ?

inculte, incapable, intolérant,
mais
impatient, impoli, imprudent.

24. Faites le portrait de trois personnes : un portrait positif (la personne n'a que des qualités), un portrait négatif (la personne n'a que des défauts) et le portrait d'une personne qui a des qualités et des défauts.

....

....

....

....

....

25. On découvre d'autres mots.

Barrez la ou les mauvaises réponses.

1. Une autoroute a une voie / deux voies / quatre voies.

2. Quand deux personnes sont comme le jour et la nuit, cela signifie qu'elles sont pareilles / différentes.

3. Une personne qui a de bonnes manières s'habille bien / est polie.

4. Faire de la peine à quelqu'un, c'est rendre quelqu'un heureux / triste.

5. Une femme célibataire a un mari / n'a pas de mari.

6. Une histoire amusante fait pleurer / fait rire.

7. Je suis en danger dans mon lit / dans la mer si je ne sais pas nager / dans ma chambre.

26. Et maintenant parlons un peu !

Répondez oralement aux questions en choisissant les réponses les plus correctes ! Reliez bien vos réponses pour composer un petit récit.
(Quand c'est nécessaire, utilisez des pronoms, des mots de liaison : *et, mais, puis, parce que, quand…*)

Portrait
Est-ce que vous connaissez vos qualités et vos défauts ?

....

Est-ce que vous êtes attentif, attentive / patient(e), impatient(e) / ordonné(e), désordonné(e) / tolérant(e), intolérant(e) / prudent(e), imprudent(e) / gentil(le) / méchant(e) / généreux / égoïste ?

....

....

Est-ce que vous connaissez les qualités et les défauts de vos parents, de vos amis ?
Comment sont vos parents / vos frères et vos sœurs / vos amis ?

....

....

• Les prépositions, les adverbes…

27. Associez les mots opposés.

1. devant	**a.** jamais
2. toujours	**b.** demain
3. dehors	**c.** dernier
4. avant	**d.** derrière
5. prochain	**e.** dedans
6. hier	**f.** rarement
7. souvent	**g.** après

28. Donnez le contraire de l'expression soulignée ; changez le temps du verbe quand c'est nécessaire.

1. Il y a deux ans, elle était encore aux États-Unis.

....

2. Il y a deux jours, il a neigé sur la ville.

....

3. L'année prochaine, elle ira au Japon.

....

4. Je passe un examen la semaine prochaine.

....

5. Hier, elle est allée au cinéma.

....

6. Elle sort souvent.

....

7. Elle déjeune toujours au restaurant.

....

8. Elle rentre chez elle après 7 heures du soir.

....

29. Faites des phrases avec les mots suivants : *il y a, dans, aujourd'hui, demain, hier* (attention aux temps des verbes).

1. ....

2. ....

3. ....

4. ....

5. ....

30. Complétez les phrases avec les mots suivants ; *après-demain, avant-hier, beaucoup, dedans, dehors, demain, devant, derrière, hier, loin, peu.*

1. Quand il fait beau, je n'aime pas rester à la maison, je vais toujours

....

2. Est-ce que l'Australie est près ou .... de la France ?

3. Elle adore lire, elle a .... de livres chez elle. Son ami n'aime pas lire, il a .... de livres.

4. Ne m'attends pas, va ....

5. Qu'est-ce que tu fais ? Pourquoi tu ne marches pas à côté de moi ? Je dois t'attendre. Tu es toujours ....

6. Regarde cette jolie boîte ! Ouvre-la ! Est-ce qu'il y a quelque chose ....?

7. Aujourd'hui lundi, je travaille, mais ...., dimanche, je n'ai pas travaillé et ....-..............................., samedi, non plus.

31. On découvre d'autres mots.

Cochez la bonne réponse.

1. Une galerie d'art est ☐ **a.** un musée.
   ☐ **b.** un endroit où on montre et où on vend des tableaux.
   ☐ **c.** un endroit où on vend des vêtements.

2. La banlieue est ☐ **a.** dans la ville.
   ☐ **b.** en dehors de la ville.
   ☐ **c.** à la campagne.

3. Les arbres sont en fleurs ☐ **a.** en automne.
   ☐ **b.** en hiver.
   ☐ **c.** au printemps.

4. Je dîne à ☐ **a.** sept heures du matin.
   ☐ **b.** midi.
   ☐ **c.** sept ou huit heures du soir.

5. Je suis libre, ☐ **a.** je fais, je pense, je dis ce que je veux.
   ☐ **b.** je ne peux pas aller où je veux.
   ☐ **c.** je lis.

32. Et maintenant parlons un peu !

Répondez oralement aux questions en choisissant les réponses les plus exactes !
Reliez bien vos réponses pour composer un petit récit.
(Quand c'est nécessaire, utilisez des pronoms, des mots de liaison : *et, mais, puis, parce que, quand...*)

Aujourd'hui, hier, demain...
Où êtes-vous et qu'est-ce que vous faites aujourd'hui ?

....

Où vous étiez l'année dernière, il y a un an ? Qu'est-ce que vous faisiez ? Est-ce que vous étiez étudiant (e) / est-ce que vous travailliez / est-ce que vous étiez avec votre famille / est-ce que vous habitiez seul (e) ?

....

....

Où serez-vous dans une semaine, dans un mois, dans un an ? Est-ce que vous serez là où vous êtes en ce moment, maintenant ?

....

Est-ce que vous quittez souvent / rarement votre pays ?

....

Est-ce que vous voyagez toujours seul (e) / Est-ce que vous ne voyagez jamais seul (e) ? Parfois seul (e), parfois avec des amis, des parents ?

....

2. ON COMPREND LES MOTS • 1. Les antonymes

• Les verbes

33. Associez les verbes opposés.

1. aimer	**a.** trouver
2. accepter	**b.** finir
3. chercher	**c.** (r)entrer
4. pleurer	**d.** éteindre
5. commencer	**e.** détester
6. allumer	**f.** monter
7. sortir	**g.** refuser
8. descendre	**h.** rire

34. Associez les éléments de manière à former une phrase complète.

1. Je dépense moins,	**a.** tu dois répondre.
2. Ce petit chat a peur ; quand on s'approche	**b.** mais n'oublie pas d'éteindre en sortant.
3. Je me lève à six heures du matin,	**c.** j'arriverai à trois heures.
4. Sois poli, quand on te pose une question,	**d.** et on achète.
5. Pouvez-vous me prêter votre dictionnaire,	**e.** il s'éloigne.
6. Dans cette rue commerçante on vend	**f.** et j'économise 100 euros chaque mois.
7. Je partirai à midi,	**g.** et je me couche à minuit.
8. Cette pièce est sombre, allume la lampe	**h.** je vous le rendrai ce soir.

35. Complétez les phrases suivantes. Donnez le contraire des verbes soulignés.

1. Il .... demain la lettre que je lui envoie maintenant.

2. – Est-ce que tu aimes les films violents ? – Non, je les ....

3. J'ai enfin .... le livre que tu cherchais.

4. Le film commence à 20 heures et .... à 23 heures.

5. La commerçante .... son magasin à 9 heures du matin et le ferme à 20 heures.

6. – J'ai accepté son invitation et toi ? – Non, moi, j'..............................

7. Qu'est-ce que vous faites ? Vous montez ou vous .... ?

8. Dans le salon, il y avait des gens assis dans des fauteuils, d'autres ...., un verre à la main.

9. Je .... à 7 heures du matin et je me couche à 11 heures du soir.

36. Barrez la mauvaise réponse.

1. S'approcher de quelqu'un, c'est aller près de / loin de quelqu'un.

2. Quand on allume une lampe dans une pièce, la pièce devient sombre / claire.

3. Quand elle est gaie, elle pleure / elle rit.

4. Elle cherche ses clés = elle sait / elle ne sait pas où sont les clés.

5. Poser une question, c'est répondre / interroger.

6. S'éloigner d'un endroit, c'est aller près de / loin de cet endroit.

7. Quand on achète, on donne un objet / de l'argent.

8. Quand j'accepte, je dis non / je dis oui.

37. Mettez de l'ordre dans les mots.

R	D	T	E	T	E	E	S

1. C'est le contraire de « aimer ». → ....

R	C	M	O	O	E	N	S	I	E

2. C'est le contraire de « dépenser ». → ....

R	E	P	T	R	E

3. C'est le contraire de « rendre ». → ....

38. Complétez le texte suivant.

Il est six heures du matin, le réveil sonne. Il .... sa lampe de che-vet, il .... et il va sous la douche. Il s'habille, prend son petit déjeuner ; il .... les lampes et .... de chez lui à sept heures. Il .... sa porte et .... l'escalier. Il .... au bureau à 8 heures et il .... à travailler. Il travaille toute la journée. À midi, il mange un sandwich dans son bureau ; il .... d'aller au restaurant avec ses amis pour déjeuner. À sept heures du soir, il prend le métro et .... à la maison vers 8 heures. Il .... sa porte et .... chez lui. Il prépare le dîner. Il regarde la télévision, et il .... vers minuit.

39. On élargit le vocabulaire. Trouvez les noms, accompagnés d'un article, formés sur les couples de verbes suivants. (À vos dictionnaires !)

1. commencer / finir → ..../.......................

2. dépenser / économiser → ..../.......................

3. ouvrir / fermer → ..../.......................

4. rire / pleurer → ..../.......................

5. vendre / acheter → ..../.......................

6. partir / arriver → ..../.......................

7. se coucher / se lever → ..../.......................

8. sortir / (r)entrée → ..../.......................

40. Faites des phrases sur les modèles suivants. (Attention à la construction des verbes.)

Ex. : Pour le verbe « commencer » : *J'ai commencé la robe. / J'ai commencé à coudre la robe.*

1. a) J'ai commencé mon exercice. / **J'ai commencé à** faire mon exercice.

....

b) J'ai fini mon exercice. / **J'ai fini d'**écrire mon exercice.

....

2. Je pars pour Londres, et **j'arriverai à** Londres ce soir.

....

3. J'entre dans la salle du restaurant, toi, **tu sors du** restaurant.

....

4. a) J'accepte ta proposition. / **J'accepte de** sortir avec toi.

....

   b) Je refuse votre invitation. / **Je refuse de** travailler avec vous.

....

5. Je prête ma voiture **à** mon ami. / **Je rends** un livre **à** la bibliothécaire.

....

6. L'enfant **pose** une question **à** sa mère. / La mère ne **répond** pas **à** l'enfant.

....

41. Donnez le contraire des mots soulignés.

1. – Comment vas-tu ? Je vais <u>bien</u> et toi ? – Oh moi, je vais .... !

2. – Vous dormez <u>bien</u> ? – Oh, non docteur, je dors très ....

3. J'ai une <u>bonne</u> prononciation en russe, mais une .... prononciation en espagnol.

4. Le projet de M. Lebrun est très <u>bon</u>, celui de M. Leblond est ....

42. Complétez les phrases avec les mots suivants : *bien* ou *bon(ne)* / *mal* ou *mauvais(e)* ?

1. La cantatrice est magnifique, elle chante très .... ! Mais je n'aime pas du tout le ténor, il chante ....!

2. Cet enfant a cinq ans et il lit déjà très .... pour son âge. C'est extraordinaire.

Cet élève de 10 ans, lui, lit encore très .... Son maître est mécontent.

3. – Je suis myope, j'ai besoin de lunettes, j'ai une .... vue et toi ?

– Oh moi, j'ai une très .... vue, je n'ai pas besoin de lunettes. Je vois très ....

4. Les commerçants sont contents, l'année a été .... pour les affaires.

5. Ce n'est pas vrai, les commerçants sont mécontents, l'année a été .... pour les affaires.

═══ 43. On découvre d'autres mots. ═══

Cochez la bonne réponse.

1. Un mél est
    ❏ **a.** une lettre écrite à la main.
    ❏ **b.** un message électronique.
    ❏ **c.** un mélange d'objets.

2. Un magasin est
    ❏ **a.** un journal, une revue.
    ❏ **b.** un arbre.
    ❏ **c.** une boutique où on achète et où on vend.

3. Un mouchoir est
    ❏ **a.** un insecte.
    ❏ **b.** un morceau de tissu dans lequel on souffle fort par le nez.
    ❏ **c.** un vêtement.

•••

4. Essuyer c'est,
  - ❏ **a.** envoyer.
  - ❏ **b.** ennuyer.
  - ❏ **c.** sécher, enlever l'eau, l'humidité, en frottant.

5. Une larme est
  - ❏ **a.** la partie qui coupe d'un couteau.
  - ❏ **b.** une goutte de pluie.
  - ❏ **c.** une goutte d'eau salée qui tombe des yeux.

6. Un rhume est
  - ❏ **a.** une boisson alcoolisée.
  - ❏ **b.** une maladie qui n'est pas grave, qui fait éternuer (atchoum !) et qui oblige à se moucher dans un mouchoir.
  - ❏ **c.** un instrument de musique.

44. Écrivez un petit texte en utilisant les mots suivants : *mal, bien, bon, mauvais, rhume, mouchoir, éternuer…*

....

....

....

....

....

....

45. Et maintenant parlons un peu !

Répondez oralement aux questions en choisissant les réponses les plus exactes ! Reliez bien vos réponses pour composer un petit récit.
(Quand c'est nécessaire, utilisez des pronoms, des mots de liaison : *et, mais, puis, parce que, quand…*)

Du matin au soir…
À quelle heure vous vous levez ? À 6, 7, 8 heures du matin ? À quelle heure commence votre journée ?

....

Est-ce que vous allumez la radio pour écouter les informations, les nouvelles ? / Est-ce que vous allumez votre ordinateur pour envoyer des méls ? Est-ce que vous allumez la radio et l'ordinateur / est-ce que vous n'allumez ni la radio ni l'ordinateur ?

....

Vous sortez de chez vous à 7 heures et demie / à 8 heures / à 8 heures et demie.

....

Vous fermez la porte à clé / vous ne fermez pas le porte à clé.

....

Vous descendez l'escalier à pied / vous prenez l'ascenseur.

....

•••

...

Pour aller au bureau / au collège / au lycée / à l'université, vous prenez le métro / le bus / votre voiture / vous marchez.

....

Vous entrez dans des magasins, vous achetez quelque chose / vous n'entrez pas dans les magasins, vous n'achetez rien / vous économisez votre argent.

....

Vous êtes dehors : de 8 heures à 6 heures du soir / de 9 heures à 19 heures... . / Votre journée de travail finit à 5 heures, 6 heures, 7 heures du soir.

....

Vous rentrez chez vous à 6, 7, 8 heures du soir.

....

Vous vous couchez à 10, 11 heures du soir / à minuit / plus tard.

....

Vous dormez bien / vous dormez mal.

....

• Les contrastes

46. La situation géographique de la France.
Complétez les phrases.

1. Marseille est dans .... de la France.

2. Lille est dans .... de la France.

3. Brest est à .... de Paris.

4. Strasbourg est dans .... de la France.

5. La Tunisie est au .... de la France.

6. La Belgique est au .... de la France.

7. La Pologne est à .... de la France.

8. La France est au .... de l'Algérie.

47. On découvre la France : les paysages, les produits, les arbres.
Entourez la bonne réponse.

1. Les Alpes ont des sommets | arrondis | pointus | .

2. La région parisienne est | accidentée | plate | .

3. Le Jura a des sommets | arrondis | pointus | .

4. Strasbourg est | au bord de la mer | à l'intérieur des terres | .

5. Nice est une ville | où il pleut souvent | où le soleil brille souvent | .

6. En hiver, à Paris, le ciel est | toujours bleu | souvent gris | .

7. Le Sud est le pays | du ciel gris, du froid et de la pluie | du soleil et de la chaleur | .

8. À Marseille, on fait de la cuisine au beurre / à l'huile .

9. L'olivier pousse en Normandie / en Provence .

10. En hiver, il neige toujours dans les Alpes / à Marseille .

11. On fait le beurre avec des fruits / du lait .

48. Trouvez le mot exact (*bref, continu, humide, tiède, variable...* attention aux accords.).

1. L'eau n'est ni chaude ni froide, elle est ....

2. Aujourd'hui, il pleut, mais voilà le soleil, et tout à coup voilà la pluie ; aujourd'hui le temps est ....

3. Cette pluie dure, elle ne s'arrête pas, elle est ....

4. Je me suis lavé les cheveux et mes cheveux ne sont pas encore secs, ils sont

....

5. Une averse est une pluie violente mais courte, ...

49. Donnez le contraire des mots soulignés.

1. L'eau est froide.

....

2. On dit que les Français du Sud sont froids.

....

3. Cette petite fille est très calme.

....

4. Mon ami est un homme bavard.

....

5. Cette nouvelle est vraie.

....

50. Donnez la situation géographique d'un autre pays, de votre pays, par exemple.

....

....

....

....

....

....

51. Quel est le climat de votre pays ? Décrivez.

....

....

....

....

....

52. Mots croisés.

Horizontalement

1. Voilà la pluie, le vent, les éclairs, le tonnerre ; c'est un…
2. C'est un adjectif ; c'est le contraire de « juste », « vrai ».
3. C'est une saison : en Europe, le 21 décembre marque le début de l'…
6. C'est une personne qui parle beaucoup.
10. Un objet de forme à peu près ronde est…
13. Région où le climat n'est ni chaud ni froid.

Verticalement

I. Point cardinal à gauche sur une carte. Les États-Unis sont à l'… de la France.
II. Matière. Les portes des maisons sont généralement en…
IV. Couleur. Quand il y a des nuages dans le ciel, le ciel est…
IV. Qui change. Parfois il y a du soleil, puis de la pluie, puis du soleil… Le temps est…
VII. C'est le contraire de : chaude.
X. Quand l'eau n'est pas très chaude, elle est…

	I	II	III	IV	V	VI	VII	VIII	IX	X
1	O			G	E					
2							F			X
3				H			R			
4				S						
5	T									
6		B		V				E		
7							E			
8										
9		S								T
10				A						I
11										
12										
13			T	E						E

---

53. On découvre d'autres mots.

Cochez la bonne réponse.

1. Un contraste est
   - ❏ a. une ressemblance.
   - ❏ b. une montagne.
   - ❏ c. une différence.

2. Un orage est
   - ❏ a. un animal.
   - ❏ b. une fleur.
   - ❏ c. une pluie violente accompagnée de tonnerre et d'éclairs.

3. Une colline est
   - ❏ a. une couleur.
   - ❏ b. une petite montagne de forme arrondie.
   - ❏ c. une partie du vêtement autour du cou.

❧ 54. Et maintenant parlons un peu !

Répondez oralement aux questions en choisissant les réponses les plus correctes ! Reliez bien vos réponses pour composer un petit récit.
(Quand c'est nécessaire, utilisez des pronoms, des mots de liaison : *et, mais, puis, parce que, quand…*)

Un voyage
Vous êtes dans un train ou dans une voiture ? Quel train et quelle voiture ?

....

Vous êtes seul(e), avec des amis, de la famille ? Précisez.

....

Vous roulez vers le nord, vers le sud, vers l'est, vers l'ouest ?

....

Quel temps fait-il ? Il pleut / il y a du soleil / il y a des nuages. Quelle est la couleur du ciel, gris, bleu ? Est-ce qu'il fait froid / chaud ? Il ne fait ni chaud ni froid. Il neige.

....

Par la fenêtre vous voyez des montagnes / un pays plat / la mer / des champs / du blé / des oliviers / d'autres arbres ? Lesquels ? Ou bien un paysage sans arbres.

....

....

Quels sont vos sentiments ? Vous êtes triste / gai(e) / content(e) / heureux(-euse) / malheureux(-euse) ? Pourquoi ?

....

....

BILAN IV

1 Vrai ou faux ?

	Vrai	Faux
1. Deux antonymes sont des mots de sens différents.	❏	❏
2. Deux antonymes sont des mots qui ont exactement le même sens.	❏	❏

(2 points)

2 Trouvez neuf couples d'antonymes dans ce texte.

Le monde est comme ça

Le monde est comme ça. Il y a des pays où il fait toujours chaud et des pays où il fait toujours froid. Des pays de soleil et des pays de pluie. Des pays où les maisons sont basses et des pays où toutes les maisons sont très hautes. Des pays où le rythme de la vie est rapide, animé, et d'autres où la vie passe, lente et tranquille. Des pays où les gens ont faim et où ils sont souvent maigres ; des pays où les gens mangent beaucoup et où ils sont souvent gros. Des pays où la vie est facile et d'autres où la vie est difficile. Des pays où on achète et où on vend, des pays riches et des pays pauvres. Le monde est comme ça.

(18 points)

2 • Du pareil au même : les synonymes

**• Les synonymes : des mots qui ont (presque) le même sens.
Les équivalents de *avoir* et *il y a***

1. Remplacez les expressions soulignées par un verbe plus précis. Faites les transformations nécessaires.

Ex. : *Il y a cent mille habitants dans cette ville.* → *Cette ville **compte** cent mille habitants.*

1. Il y a du soleil aujourd'hui.

....

2. Il y aura de la neige demain.

....

3. Ferme ton manteau, il y a du vent.

....

4. Brrr, il fait froid ! Heureusement, il y a un beau feu dans la cheminée.

....

5. Il fait froid, les gens dans la rue ont des manteaux et des écharpes.

....

6. Elle marche dans la rue et elle a un livre à la main.

....

7. Il y a des livres sur le canapé. Il n'y a plus une place pour s'asseoir.

....

2. Retrouvez les verbes.

La pluie .... sur la ville. Les gens marchent la tête baissée parce que le vent .... très fort. Les enfants .... la main de leur mère. Ils .... des gants et un bonnet. Des feuilles jaunes .... le sol. Le soleil ne .... pas aujourd'hui. L'été est fini.

3. À vos dictionnaires.

1. Cherchez l'adjectif formé sur le verbe : briller. ....

2. Cherchez le nom formé sur le verbe : souffler. ....

3. Cherchez l'adjectif formé sur le verbe : brûler. ....

4. On découvre d'autres mots.

Cochez la bonne réponse.

1. Un nuage est
   - ❏ **a.** un ensemble de gouttes d'eau dans l'atmosphère.
   - ❏ **b.** une fleur.
   - ❏ **c.** une arme.

2. Un passant est
   - ❏ **a.** une chose qui passe.
   - ❏ **b.** l'avenir
   - ❏ **c.** une personne qui passe.

3. Une cheminée est
   - ❏ **a.** une rue.
   - ❏ **b.** un endroit où on fait du feu.
   - ❏ **c.** un sport.

4. L'automne est
   - ❏ **a.** une voiture.
   - ❏ **b.** un appareil.
   - ❏ **c.** une saison.

5. Un toit est
   - ❏ **a.** un pronom personnel.
   - ❏ **b.** le dessus d'un bâtiment (maison, immeuble).
   - ❏ **c.** un bruit.

5. Décrivez une saison de votre pays.

....

....

....

....

....

• Les équivalents de *faire*

6. Remplacez l'expression soulignée par un verbe plus précis. (Attention aux transformations.)

Ex. : *Cette robe fait 100 euros.* → *Cette robe coûte 100 euros.*

1. Elle fait des études de mathématiques à Yale.

....

2. Elle fait des voyages toute l'année.

....

3. Elle fait la cuisine le dimanche. Les autres jours, elle travaille, elle n'a pas le temps.

....

4. Attention, 4 – 2 = 1 ! Tu fais une erreur !

....

5. Je fais des économies pour acheter une voiture.

....

6. Voulez-vous faire une promenade avec moi ?

....

7. Est-ce que vous <u>ferez l'Amérique du Sud</u> cet été ?

....

8. J'ai toujours mon appareil sur moi pour <u>faire des photos</u> de la rue, des gens, de la ville.

....

9. Votre fille a grandi ! Combien <u>fait-elle</u> maintenant ?

....

7. Complétez avec les verbes suivants : *étudier, organiser, prendre, préparer, se promener, visiter, voyager.*

Annie va .... Elle va partir pour l'Angleterre. Elle ....
ses bagages. Elle .... ce voyage depuis des mois. Elle va
.... toutes les cathédrales et toutes les universités anglaises. Elle
rencontrera des jeunes gens qui .... dans ces universités. Elle
.... des photos des églises les plus célèbres. Elle
.... dans les jardins autour des cathédrales.

---

8. On découvre d'autres mots.

Cochez la bonne réponse.

1. Parfois =
❏ **a.** souvent
❏ **b.** rarement
❏ **c.** quelquefois

2. Proche de =
❏ **a.** loin de
❏ **b.** en face de
❏ **c.** près de

3. Faire des courses, c'est
❏ **a.** courir.
❏ **b.** faire des achats.
❏ **c.** faire du tennis.

4. Un plat, c'est
❏ **a.** un dessin.
❏ **b.** une grande assiette pour servir des aliments.
❏ **c.** un ensemble d'aliments.

5. Un ticket de caisse est
❏ **a.** une place de cinéma.
❏ **b.** un petit rectangle de papier, un billet pour prendre le métro.
❏ **c.** un petit rectangle de papier qui donne la somme des achats.

---

9. À vos dictionnaires.

1. Cherchez un nom de personne formé sur le verbe : étudier. ....

2. Cherchez un nom formé sur le verbe : se promener. ....

3. Cherchez le nom formé sur le verbe : préparer. ....

4. Cherchez le nom formé sur le verbe : organiser ....

🔊🎙 **10. Et maintenant parlons un peu !**

Répondez oralement aux questions en choisissant les réponses les plus correctes ! Reliez bien vos réponses pour composer un petit récit.
(Quand c'est nécessaire, utilisez des pronoms, des mots de liaison : *et, mais, puis, parce que, quand...*)

À la caisse !
Vous allez au supermarché parce que vous avez besoin d'une paire de chaussettes / d'une chemise de nuit / d'un pyjama / d'une écharpe / d'un tube de dentifrice / d'une crème à raser / d'un shampoing /de mouchoirs en papier, etc.

....

....

Vous allez à la caisse pour payer, vous faites la queue ; il y a beaucoup de monde dans la file / il n'y a pas beaucoup de monde. Vous ne faites pas la queue.

....

Vous payez par chèque / avec une carte de crédit / en argent.

....

À qui donnez-vous le chèque / la carte de crédit / l'argent ? À une cliente / à la caissière / au caissier / à un vendeur ?

....

Ensuite, est-ce qu'on vous donne un ticket d'autobus / un ticket de métro /un ticket de cinéma / un ticket de caisse ?

....

• Les équivalents de *mettre*

11. Remplacez l'expression soulignée par un verbe plus précis.

1. Elle <u>a mis</u> trois tableaux au mur.

....

2. Elle avait un peu froid. Elle <u>a mis</u> un gilet.

....

3. Il est 8 heures du matin. Les élèves <u>se mettent à</u> travailler.

....

4. Le 1er janvier <u>nous mettons</u> beaucoup de cartes de vœux <u>à la poste</u>.

....

5. Je <u>mets</u> mes papiers dans des classeurs.

....

6. Le matin, je me douche et je <u>mets mes vêtements</u> avant le petit déjeuner.

....

7. Je <u>mets</u> mes lunettes sur le bureau.

....

8. Il <u>met</u> la carte dans une enveloppe.

....

12. Complétez à l'aide des verbes suivants : *accrocher, commencer à, enfiler, glisser, s'habiller, mettre, poser, poster, ranger.*

Sept heures du matin. Debout ! Je .... faire quelques mouvements de gymnastique.

Puis je vais sous la douche. Après la douche, j'................................. un peignoir de bain et je vais à la cuisine. Je .... ma tasse sur la table et je prépare le petit déjeuner.

Après le petit-déjeuner je vais dans ma chambre et je .... Je fais mon lit, je .... ma chambre, j'................................. le peignoir de bain dans le placard de la salle de bains. Je .... mon manteau ; dans la poche de mon manteau je .... la lettre que je vais .... et je sors.

═══ 13. On découvre d'autres mots. ═══

Barrez la mauvaise réponse.

1. Se déshabiller c'est mettre ses vêtements / enlever ses vêtements.

2. Se rappeler c'est appeler / retrouver dans sa mémoire le passé.

3. Une enveloppe est une serviette / une pochette de papier pour mettre une lettre.

14. Donnez une légende aux dessins.

1. ....

2. ....

3. ....

4. ....

✎🤚 **15. Et maintenant parlons un peu !**

Répondez oralement aux questions en choisissant les réponses les plus correctes ! Reliez bien vos réponses pour composer un petit récit.
(Quand c'est nécessaire, utilisez des pronoms, des mots de liaison : *et, mais, puis, parce que, quand…*)

Une lettre à la poste
Vous avez écrit une lettre, qu'est-ce que vous faites : vous la laissez sur votre bureau / vous la glissez dans une enveloppe / vous la rangez dans un tiroir.

....

Vous n'avez pas de timbre à coller sur l'enveloppe, vous avez besoin d'un timbre : vous allez l'acheter au supermarché / chez le marchand de journaux / dans un café bureau de tabac / à la poste.

....

Vous avez acheté un carnet de dix timbres, qu'est-ce que vous faites ? Vous collez un timbre sur votre sac / sur la lettre / sur l'enveloppe.

....

Et après, où mettez-vous votre lettre ? Dans une poubelle / sur un banc / dans une boîte aux lettres / à la poste.

....

• Des adjectifs et leurs synonymes

16. Trouvez un mot qui a presque le même sens que l'expression à la forme négative soulignée.

Ex. : *Le temps n'est pas beau, au contraire il est **mauvais**.*

1. Le thé n'est pas froid, au contraire il est ....

2. Cet enfant n'est pas méchant, au contraire il est ....

3. Cet homme n'est pas antipathique, au contraire il est ....

4. Cette jeune fille n'est pas intelligente, au contraire elle est ....

5. Ce gâteau n'est pas mauvais, au contraire, il est ....

6. Mes amis ne sont pas hypocrites, au contraire ils sont ....

7. Cette jeune fille n'est pas laide, au contraire elle est ....

17. Remplacez le mot souligné par un mot de même sens (ou presque).

1. Cette jeune fille est très jolie.

....

2. Ma voisine est élégante ce soir. Elle va à une soirée.

....

3. J'habite dans une rue calme.

....

4. Ce garçon est parfois <u>agressif</u>.

....

5. Mon ami viendra, c'est <u>sûr</u>.

....

6. Ta lettre est pleine de mots <u>doux</u>. Tu es amoureux ?

....

7. Jeanne est <u>franche</u> et <u>aimable</u>.

....

8. C'est un camarade très <u>agréable</u>.

....

9. Gérard Philipe est un <u>comédien</u> qui a joué au théâtre et au cinéma.

....

18. Remplacez l'expression soulignée par un synonyme superlatif.

1. Ton gâteau est <u>très bon</u>.

....

2. Cette chambre est <u>très grande</u>.

....

3. J'ai un <u>très bon</u> professeur.

....

4. Le café est <u>très chaud</u>.

....

5. Votre amie est <u>vraiment charmante</u>.

....

6. Le jardin de Monet à Giverny est <u>très beau</u>.

....

19. On découvre d'autres mots.

Cochez la bonne réponse.

1. La serviette est mouillée = ❑ **a.** la serviette est propre.
                                   ❑ **b.** la serviette est humide.
                                   ❑ **c.** la serviette est sale.

2. Une tarte est   ❑ **a.** une sœur de ma mère.
                                ❑ **b.** une durée.
                                ❑ **c.** un fond de pâte avec des fruits
                                         ou des légumes.

3. Un romain est   ❑ **a.** une histoire courte.
                                ❑ **b.** une histoire longue.
                                ❑ **c.** un habitant de Rome.

20. Quel est le nom formé sur les mots suivants (donnez aussi l'article) ?

1. doux → ....
2. élégant → ....
3. franc → ....
4. gentil → ....
5. sincère → ....
6. stupide → ....
7. sympathique → ....
8. tendre → ....
9. tranquille → ....
10. violent → ....

⋯ 21. Et maintenant parlons un peu !

Répondez oralement aux questions en choisissant les réponses les plus correctes ! Reliez bien vos réponses pour composer un petit récit.
(Quand c'est nécessaire, utilisez des pronoms, des mots de liaison : *et, mais, puis, parce que, quand…*)

Au théâtre
Vous aimez / vous n'aimez pas le théâtre ?

....

Vous allez souvent / rarement / vous n'allez jamais au théâtre ?

....

Vous aimez /vous n'aimez pas les pièces de théâtre des auteurs français (Molière, Racine, Ionesco, Becket…) / des auteurs anglais (Shakespeare, Oscar Wilde…) / des auteurs espagnols (Calderón, Lorca, …) / italiens (Goldoni, Pirandello) / russes (Tchekhov…) / japonais, chinois / allemands (Schiller, Kleist…).
Vous aimez le théâtre ancien / moderne ?

....

Quels sont les acteurs, les comédiens que vous aimez ?

....

Vous avez envie / vous n'avez pas envie de faire du théâtre, de jouer au théâtre.

....

• Des verbes et leurs synonymes

22. Savoir ou connaître ?

1. Est-ce que tu .... où sont mes lunettes ?

2. Je ne .... pas comment il va.

3. ....-vous l'Australie ?

4. Vous .... qui est Harry Potter ?

5. Elle ne .... pas Victor Hugo. Moi, je le ....

6. Est-ce que vous .... si mes amis sont arrivés ?

7. Je .... que la Terre n'est pas tout à fait ronde.

8. Les candidats de ce jeu télévisé .... toutes les réponses.

23. Dire ou parler ?

1. Elle est bavarde, elle ...., elle ....

2. Elle .... à ses amis.

3. Elle .... à ses amis qu'elle est fatiguée et qu'elle va rentrer.

4. Les amis .... de leurs enfants, de leur travail.

5. Je ne .... pas chinois.

6. Elle .... la vérité.

7. Tu ne .... plus de mensonges !

24. Entendre ou écouter ?

1. Au concert, le public .... le pianiste.

2. Devant la télévision, le père .... les informations.

3. Ils sont au salon et ils parlent ; tout à coup, ils .... un grand bruit dans la cuisine.

4. Nous sommes dans la classe et nous .... le professeur.

5. J'................................ quelqu'un qui frappe à la porte.

6. Est-ce que vous .... le métro qui passe sous vos fenêtres ?

7. Les enfants .... leur père. Il leur lit des contes de fées.

25. Regarder ou voir ?

1. Au Louvre, le public .... toujours *la Joconde*.

2. Jim ne .... pas. Il est aveugle.

3. ....-moi, dit le photographe aux jeunes gens !

4. Il .... ce film l'année dernière.

5. Il n'y a pas de lumière, la pièce est sombre, on ne .... rien !

6. Cette fleur est très belle. Je peux la .... pendant des heures.

7. Nous aimons .... les photos de notre enfance.

8. J'ai une mauvaise place au théâtre. Je ne .... pas les acteurs.

26. Entrer ou rentrer ?

1. Tu .... chez toi ?

2. Elle .... dans un magasin.

3. Je .... à la maison.

4. Les spectateurs .... au cinéma.

5. Les élèves .... dans leur classe.

6. Je ne connais pas ce musée. Nous .... ?

7. Dînez sans moi. Je ne .... pas ce soir.

27. La rue ou la route ?

1. J'habite à Paris, 21 .... de la Harpe.

2. Les randonneurs marchent sur la .... Ils vont de Paris à Chartres.

3. En hiver, il n'y a personne sur cette .... entre Toulouse et Marseille.

4. À Paris, la .... des Écoles passe devant la Sorbonne.

5. La .... arrive dans un petit village.

6. Je voudrais un plan des ....de Londres.

7. Leur appartement est dans une petite .... de Marseille.

28. Un fleuve ou une rivière ?

1. Le Mississipi est ....

2. Près de la maison, il y a une petite ....

3. Le Danube est le plus long .... d'Europe.

4. Plusieurs .... se jettent dans .... Amazone.

5. La France a quatre grands .... : la Seine, la Loire, le Rhône et la Garonne.

6. L'eau de cette .... est très claire.

29. Qu'est-ce que c'est ?

1. C'est ....   **2.** C'est ....

30. Aimer ou adorer ?

1. Anne .... Jim.   **2.** Anne .... Jim.

31. On découvre d'autres mots.

Barrez la ou les mauvaises réponses.

1. Un morceau est : une partie / un air de musique / un gâteau.

2. Être en retard c'est : arriver à l'heure / arriver en avance / arriver après l'heure donnée.

3. Le cuisinier est : le fils de ma tante / la salle où on prépare les repas / la personne qui prépare les repas.

32. Et maintenant parlons un peu !

Répondez oralement aux questions en choisissant les réponses les plus correctes ! Reliez bien vos réponses pour composer un petit récit.
(Quand c'est nécessaire, utilisez des pronoms, des mots de liaison : *et, mais, puis, parce que, quand…*)

Cinéma
Est-ce qu'un metteur en scène fait des vêtements / des films ?

....

Il travaille avec des élèves /des médecins / des acteurs / des comédiens ?

....

Ceux-ci sont assis / sont debout / jouent.

....

Les spectateurs verront le film dans la rue / dans le métro /dans une salle.

....

Vous allez au cinéma très souvent / rarement / vous n'y allez jamais ? Vous aimez / vous adorez / vous n'aimez pas le cinéma ?

....

Vous écoutez souvent / quelquefois / vous n'écoutez jamais de la musique de film ?

....

BILAN V

1 Vrai ou faux ?

	Vrai	Faux
1. Deux synonymes sont des mots de sens différents.	❑	❑
2. Deux synonymes sont des mots qui ont exactement le même sens.	❑	❑
3. Deux synonymes sont des mots qui ont presque le même sens.	❑	❑

(3 points)

2 Récrivez le texte suivant en donnant des équivalents de 1. 2. 3. 4. 5. 7. 8. 9. 10. 11. et un intensif de 6. (Attention aux transformations.)

C'est une journée d'automne. Il y a de gros nuages (1) dans le ciel. Il n'y a pas de soleil (2). Les gens dans les rues marchent vite. Ils ont des imperméables (3) et ils ont à la main (4) un parapluie. Il y a du vent. (5) Mais j'aime (6) ce temps. Je fais toujours une promenade (7) dans les jardins de la ville, et je fais des photos (8) du ciel gris, des arbres noirs. Je regarde le ciel, je mets (9) mon appareil de photo sur un banc et je me mets (10) à rêver. Je rêve de voyages. Je fais des voyages (11) avec les nuages.

....

....

....

....

....

.... *(11 points)*

3 Récrivez le texte suivant en remplaçant 1, 2, 3, 4, par des mots de même sens mais à valeur superlative.

Dans ma tasse il y a du chocolat, un très bon (1) chocolat, très chaud (2). Je suis assise près d'une très grande (3) cheminée et c'est très agréable quand le temps est très mauvais (4) de regarder le feu monter et jouer.

....

....

.... *(4 points)*

4 Choisissez.

1. Savoir ou connaître ?

Je .... cet homme, mais je ne .... pas où il habite.

2. Parler ou dire ?

Tu .... beaucoup, mais tu ne .... rien.

(2 points)

3 • Quand les mots se ressemblent : les homonymes

• Les homonymes : père ou pair ? Mère ou mer ?

1. Identifiez la situation.

1. Voici ma tante ! ....

Voici ma tente ! ....

2. Cette mère est très calme. ....

Cette mer est très calme. ....

3. Quel beau champ ! ....

Quel beau chant ! ....

2. *Champ / chant, pair / paire / père, près / prêt, tante / tente* : lequel choisissez-vous ?

1. Ma mère et mon .... sont français. La jeune fille au .... est anglaise. Elle aime les gants. Elle en a des .... et des ....

2. Il n'est pas loin de huit heures du matin, il est .... de huit heures et nous sommes lavés, habillés, nous sommes .... ! Allez ! Au travail !

3. Devant chez nous il y a un .... de blé où on entend toute la journée le .... des oiseaux.

4. Mon oncle et ma .... adorent le camping. Ils emportent leur .... et ils vont camper ici ou là.

3. Qui est-ce ? Qu'est-ce que c'est ?

C'est ....

VILLE DE DIEPPE

4. On découvre d'autres mots.

Barrez la ou les mauvaises réponses.

1. Ma cousine est : une pièce où on prépare les repas / la fille de mon oncle.

2. Les chaussettes sont : des chaussures / des vêtements qui couvrent le pied et une partie de la jambe.

3. Le pyjama est : un vêtement pour travailler / un vêtement pour dormir.

4. Le bonnet est : un gâteau / une coiffure sans bord.

5. Racontez des vacances. Vous écrivez un petit texte de six à huit lignes.

(Utilisez les mots suivants et d'autres : *campagne, champ, oiseau, chant, arbre, fleur, rivière, soleil, pluie, village, route, rue, se promener, marcher, nager, écouter, regarder…*)

....

....

....

....

....

....

....

....

• Les homonymes : pot ou peau ? Faim ou fin ?

6. Identifiez la situation.

1. Quelle faim !

Quelle fin !

....

....

2. Un pot pour la crème.

Une crème pour la peau.

....

....

7. *Cou / coup, faim / fin, peau / pot, sale / salle, sang / sans / cent* : lequel choisissez-vous ?

1. Les bébés ont la .... douce. À midi et le soir on leur donne à manger des compotes, des légumes dans des petits ....

2. Il a une petite tête et un .... très long.

3. Les footballeurs donnent des .... de pied dans le ballon.

4. La .... de sport n'est pas propre le soir, elle est ....

5. Elle porte une robe qui n'a pas de manches, une robe .... manches. Elle l'a payée .... euros. Mais elle a fait une tache sur sa robe, une tache de .... C'est son chat qui l'a mordue.

6. Beaucoup de gens n'ont rien à manger. Est-ce qu'il y aura une .... à la .... dans le monde ?

---

8. On découvre d'autres mots.

Barrez la ou les mauvaises réponses.

1. Une séance , c'est : un siège / une réunion de travail / un spectacle.

2. Un bâton, c'est : un objet en bois long et mince / un bateau / un animal qui vit dans l'eau.

3. Un bonbon, c'est : quelque chose de mauvais à manger / quelque chose de sucré qu'on suce ou qu'on croque / quelque chose qu'on boit.

---

9. Et maintenant parlons un peu !

Répondez oralement aux questions en choisissant les réponses les plus correctes ! Reliez bien vos réponses pour composer un petit récit.

(Quand c'est nécessaire, utilisez des pronoms, des mots de liaison : *et, mais, puis, parce que, quand…*)

Quel cinéma !
Au cinéma, vous mangez du pop-corn / des esquimaux / des bonbons / vous ne mangez pas de pop-corn / d'esquimaux / de bonbons.

....

Vous faites du bruit / vous ne faites pas de bruit pendant le film.

....

Vous allez voir des films d'amour / des films policiers / des films d'action / des westerns.

....

• Les homonymes : maître ou mètre ? Cour, cours ou court…?

10. Identifiez la situation.

1. Tu as un maître ?

Tu as un mètre ?

....

....

2. Nous n'avons pas de cour.

Nous n'avons pas de cours.

....

....

11. Associez les homonymes entre eux.

1. haut   **a.** court
2. vert   **b.** sur
3. lait   **c.** maître
4. sûr   **d.** verre
5. cours   **e.** laid
6. mètre   **f.** eau

12. *Cour / cours / court / courent / eau / haut, laid / lait, maître / mètre, sur / sûr, verre / vert :* **lequel choisissez-vous ? N'oubliez pas les accords.**

1. Est-ce que vous êtes .... que des hommes sont allés .... la lune ?

2. Il a posé son .... de coca sur la table de billard et il a poussé la boule sur le tapis ....

3. À la crémerie, je prends du fromage, du beurre et une bouteille de ....

4. Il n'est vraiment pas beau, il est très ....

5. À l'école nous avons un .... très gentil, très patient.

6. Combien tu mesures ? Un .... 85, un .... 90 ?

7. Les enfants ne peuvent pas jouer dans la .... de l'immeuble.

8. Le jour du marathon de Paris, beaucoup de gens .... ; des jeunes, des vieux, des hommes, des femmes…

9. J'ai un .... de piano le mardi.

10. En hiver, les jours sont plus ....

11. Les bouteilles d'................................. minérale sont posées en ...., sur l'étagère.

---

13. On découvre d'autres mots.

Cochez la bonne réponse.

1. À l'école primaire les élèves ont ☐ **a.** de 6 à 10 ans.
                                       ☐ **b.** de 11 à 17 ans.
                                       ☐ **c.** de 18 à 25 ans.

2. Au lycée les élèves ont   ☐ **a.** de 6 à 11 ans.
                                         ☐ **b.** de 14 à 17 ans.
                                       ☐ **c.** de 18 à 25 ans.

3. Au collège les élèves ont   ☐ **a.** de 6 à 11 ans.
                                       ☐ **b.** de 14 à 17 ans.
                                       ☐ **c.** de 11 à 14 ans.

4. La cantine est   ☐ **a.** un chant religieux.
                                       ☐ **b.** un endroit où on sert des repas dans une école.
                                       ☐ **c.** une chanteuse d'opéra.

Répondez oralement aux questions en choisissant les réponses les plus correctes ! Reliez bien vos réponses pour composer un petit récit.

(Quand c'est nécessaire, utilisez des pronoms, des mots de liaison : *et, mais, puis, parce que, quand…*)

À l'école !

Dans votre pays, les enfants vont dans une crèche à 6 mois / à 1 an / à 2 ans / à 3 ans… ?

....

Est-ce qu'il y a, comme en France, l'école maternelle / l'école primaire / le collège / le lycée / l'université ?

....

Dans votre pays, vous entrez à l'école primaire à 5 ans / à 6 ans / à 7 ans ?

....

Vous entrez au collège à 10 ans / à 12 ans / à 14 ans ?

....

Combien d'années restez-vous au collège ?

....

À quel âge entrez-vous à l'université ? À 17 ans / à 18 ans / à 20 ans ?

....

Comment sont les écoles dans votre pays ? Les classes sont petites / grandes ? Il y a des arbres / il n'y a pas d'arbres dans les cours ? Il y a des cafétérias / il n'y a pas de cafétérias ? Il y a des salles de jeux / il n'y a pas de salles de jeux ? Il y a des distributeurs de bouteilles de coca /de bouteilles d'eau ? Il n'y en a pas ?

....

....

....

• Les homonymes : nom ou non ? Moi ou mois ?

15. Soulignez les homonymes.

Les fruits mûrs
Au-dessus du mur
Et puis toi
qui chante sur le toit
Et le petit nez
du chat qui est né
Au mois de mai.
Mais, mais, mais !
Est-ce que c'est ça, le bonheur ?
Oui et non ; il n'y a plus de fleurs

Et moi, je ne connais pas ton nom,
Et je ne connais plus la chanson.
Do, ré, mi, fa, sol, sol, sol, sol...
Voilà les fruits qui tombent déjà sur le sol !

16. Trouvez quatre couples d'homonymes.

Ex. : **sol** (la terre) / **sole** (un poisson).
    ton (adjectif possessif : c'est ton livre) ;
    thon (un poisson : j'ai acheté une boîte de thon).

..../..

..../..

..../..

..../..

17. Trouvez les mots qui manquent.

1. Ce melon est vert. Est-ce qu'il est .... ? Est-ce qu'on peut le manger ?

2. La chambre a quatre .... épais.

3. Elle est jolie. Elle a de beaux yeux verts, une belle bouche et un joli petit

....

4. Victor Hugo est .... en 1802 et il est mort en 1885.

5. En quel .... sommes-nous ? En juin, en janvier, en mai ?

6. ...., je suis française et ...., tu es américain, anglais, jamaïcain ?

7. Il y a beaucoup de neige en montagne. De la neige par terre, sur le ...., de la neige sur les arbres, de la neige sur les voitures, de la neige sur le .... des maisons.

8. C'est l'été, ... il fait froid.

18. On découvre d'autres mots.

Cochez la bonne réponse.

1. Un anniversaire est ❑ **a.** une plante.
❑ **b.** le jour où on fête un événement arrivé un an ou plusieurs années avant.
❑ **c.** un monument.

2. Quand même = ❑ **a.** pourtant, malgré tout.
❑ **b.** peut-être.
❑ **c.** jamais.

3. Pousser = ❑ **a.** faire bouger en avant.
❑ **b.** grandir, se développer.
❑ **c.** tirer.

4. Cueillir = ❑ **a.** un ustensile de table pour avaler des aliments liquides ou crémeux.
❑ **b.** chanter.
❑ **c.** détacher d'une tige, prendre.

•••

5. Les pattes sont
❑ **a.** un mélange d'eau et de farine.
❑ **b.** des spaghettis.
❑ **c.** les jambes d'un animal.

6. Le moustique est
❑ **a.** un insecte qui pique l'homme et les animaux et qui prend leur sang.
❑ **b.** un rideau de gaze autour du lit.
❑ **c.** des poils sur la lèvre supérieure des hommes.

19. Et maintenant parlons un peu !

Répondez oralement aux questions en choisissant les réponses les plus exactes ! Reliez bien vos réponses pour composer un petit récit.

(Quand c'est nécessaire, utilisez des pronoms, des mots de liaison : *et, mais, puis, parce que, quand...*)

Mon animal préféré

Vous avez un animal / deux / trois animaux ? Vous n'avez aucun animal.

....

Vous avez un chat / un chien / un hamster / des oiseaux / un crocodile / un serpent / une souris / une tortue / des poissons.

....

Votre animal a des bras / des jambes / des pattes.

....

Il a des cheveux / des poils.

....

Il mange de la viande / du poisson / des légumes / des souris / il boit du lait. Qu'est-ce qu'il mange ?

....

Votre animal reste à la maison. Il vit dans un bocal / dans une caisse / il a besoin de sortir deux ou trois fois par jour.

....

Il nage / marche / vole.

....

Il aboie / chante / miaule / ronronne.

....

Quel est le nom de votre animal, de votre chat / de votre chien / de votre hamster / de votre crocodile / de votre serpent... ? Comment s'appelle votre chat / votre chien / votre hamster... ?

....

BILAN VI

❶ Vrai ou faux ?

	Vrai	Faux
1. Les homonymes sont des mots de sens différents.	❏	❏
2. Les homonymes sont des mots qui ont exactement le même sens.	❏	❏
3. Les homonymes n'ont pas le même sens, mais ils se prononcent de la même façon.	❏	❏

(3 points)

❷ Observez et expliquez cette phrase d'une chanson.

« Toi, toi mon toit, toi, toi mon tout, mon toit ! »
C'est une femme qui chante. Elle parle d'une personne. De qui ? Comment parle-t-elle de cette personne ?

....
....
.... *(3 points)*

❸ Donnez les homonymes des mots soulignés.

> On a construit une usine <u>près</u> de la <u>mer</u>. Cette usine a des murs <u>hauts</u>, <u>mais</u> la <u>cour</u> est agréable. Beaucoup de personnes y travaillent. Elles sont là onze <u>mois</u> par an. Les ouvriers travaillent dans des ateliers dont le <u>toit</u> est en <u>verre</u>. On y fabrique des gants, des <u>paires</u> de gants de toutes les couleurs, de toutes sortes.
>
> À midi, on arrête le travail. Les ouvriers ont <u>faim</u>. Ils vont tous ensemble à la cantine. Après le repas, le <u>sol</u> de la cantine est <u>sale.</u>

....
....
.... *(12 points)*

❹ Identifiez la situation.
C'est un beau bar !
C'est un beau bar !

....
.... *(2 points)*

3. ON ENTRE DANS LA LANGUE

1 • On croit que c'est pareil mais ce n'est pas pareil

• Quand le contexte change le sens.

1. Trouvez le sens précis du mot « carte » selon le contexte *(carte postale, carte routière, carte du restaurant, carte à jouer).*

1. Les promeneurs étudient une carte ....

2. Les clients lisent avec gourmandise la carte ....

3. Les vacanciers envoient des cartes .... à leurs amis.

4. Autour de la table les quatre amis, qui aiment le poker, distribuent les cartes

....

2. Donnez le contraire des mots soulignés. (Vous pouvez consulter votre dictionnaire.)

1. La nuit est <u>fraîche</u>.

....

2. Le pain est <u>frais</u>.

....

3. Le ciel est <u>clair</u>.

....

4. L'eau est <u>claire</u>. Tu peux la boire.

.... Tu ne peux pas la boire.

5. Cette veste est <u>épaisse</u>.

....

6. Ce livre est très <u>épais</u>.

....

7. Ce sac est très <u>léger</u>.

....

8. La blessure est <u>légère</u>.

....

9. Elle a une voix <u>aiguë</u>.

....

10. Elle porte de <u>vieilles</u> chaussures.

....

11. Cette dame est <u>vieille</u>.

....

3. Écrivez des phrases où les mots suivants auront des sens différents.

Ex. : *J'aime le thé léger. Mon sac est très léger.*

1. lourd

....

....

2. grave

....

....

3. mince

....

....

4. Choisissez la bonne définition et récrivez la phrase. (Vous pouvez consulter votre dictionnaire ; faites attention à la place de l'adjectif.)

1. C'est agréable de boire un grand verre d'eau <u>fraîche</u> quand on a chaud. *(légèrement froid(e) / qu'on vient de pêcher)*

....

2. Elle achète du poisson <u>frais</u>. *(légèrement froid(e) / qu'on vient de pêcher)*

....

3. L'armoire est <u>lourde</u>, je n'ai pas pu la déplacer. *(chaud et orageux / difficile à porter)*

....

4. Le temps est <u>lourd</u>. *(chaud et orageux / difficile à porter)*

....

5. C'est une faute <u>grave</u>. *(dramatique / important(e))*

....

6. Ne t'inquiète pas, ce n'est pas <u>grave</u>. *(dramatique / important(e))*

....

7. J'ai jeté ma <u>vieille</u> robe de chambre. *(âgé(e) / usagé(e))*

....

8. Un <u>vieil</u> homme s'est assis à côté de moi. *(âgé(e) / usagé(e))*

....

9. Elle porte une jupe <u>claire</u> *(pur(e), transparent(e) / plein(e) de lumière, de soleil / qui n'est pas foncé(e) / qu'on peut comprendre facilement)*

....

10. La salle à manger est très <u>claire</u>. *(pur(e), transparent(e) / plein(e) de lumière, de soleil / qui n'est pas foncé (e) / qu'on peut comprendre facilement*

....

11. L'eau de la rivière est <u>claire</u>. *(pur(e), transparent(e) / plein(e) de lumière, de soleil / qui n'est pas foncé (e) / qu'on peut comprendre facilement)*

....

12. Le problème est difficile, mais le professeur nous donne des explications très <u>claires</u>. *(pur(e), transparent(e) / plein(e) de lumière, de soleil / qui n'est pas foncé(e) / qu'on peut comprendre facilement)*

....

5. On découvre d'autres mots.

Cochez la bonne réponse.

1. Un vacancier est
- ❏ **a.** une ville de vacances.
- ❏ **b.** une personne qui est en vacances.
- ❏ **c.** une pièce vide.

2. Un restoroute est
- ❏ **a.** un restaurant au bord d'une route, d'une autoroute.
- ❏ **b.** un endroit pour dormir.
- ❏ **c.** un plat de viande.

3. Une blessure est
- ❏ **a.** un légume.
- ❏ **b.** une coupure faite à une partie du corps.
- ❏ **c.** un vêtement.

4. Un dessert est
- ❏ **a.** un lieu qui n'est pas habité.
- ❏ **b.** un fruit ou un gâteau qu'on mange à la fin du repas.
- ❏ **c.** un poisson.

5. Garer =
- ❏ **a.** aller à la gare.
- ❏ **b.** voyager.
- ❏ **c.** ranger une voiture, stationner.

6. Écrivez une carte postale à un(e) ami(e) et lisez-la à vos camarades.

Vous donnez des nouvelles / Vous racontez votre voyage.

Mon cher… / Ma chère…
Je suis … (ville)… (pays). La ville est…, Les rues, les musées, les monuments…
Le pays est… Le temps est … Je suis / je ne suis pas content(e) …

....

....

....

....

• Quand le pronom change le sens

7. Trouvez le verbe qui convient.

a) Appeler / S'appeler ?

1. – Comment tu .... ? – Anne.

2. Voici votre nouveau professeur. Il .... M. Vincent.

3. Il y a un incendie dans la rue. Prenez votre portable et .... les
pompiers.

4. Où est le chat ? Tout le monde l'................................., mais il ne vient pas. Où est-il ?

b) Changer / se changer ?

1. Le temps .... Il va neiger.

2. Comme tu .... ! Tu as grandi, tu as minci, tu as embelli.

3. Va ...., tes vêtements sont sales.

4. Tous les soirs, elle .... pour le dîner.

c) Mettre / se mettre

1. Il .... son manteau et il est sorti.

2. Ne .... pas tes pieds sur la table !

3. Il était en retard. Il .... à courir.

4. Aujourd'hui, nous .... au travail.

d) Passer / se passer ?

1. L'action du roman .... en Italie.

2. Les gens ....dans la rue.

3. Pourquoi tout le monde court ? Qu'est-ce qui ....

4. Vous ....une bonne nuit ?

e) Sentir / se sentir ?

1. Beurk ! Ce parfum .... mauvais !

2. Cette bougie .... la lavande.

3. Elle est malade. Elle .... mal.

4. Elle travaille beaucoup. Elle .... fatiguée.

f) Servir / se servir ?

1. Dans cet hôtel, on .... les repas à 12 h 30 et à 19 h 30.

2. Je .... d'un stylo à plume pour écrire.

3. Cet écrivain .... d'une vieille machine à écrire pour taper ses romans.

4. Le vendeur .... le client.

g) Tenir / se tenir ?

1. Qu'est-ce que tu .... dans ta main ? Un livre ?

2. Faites attention ! .... bien la rampe de l'escalier en descendant.

3. On a sonné. J'ai ouvert. Un homme .... devant la porte, il portait une grande cape.

4. C'est le jour du mariage. Les mariés .... debout, devant le maire.

h) Trouver / se trouver ?

1. On .... ces pierres au bord de la mer.

2. Le petit garçon .... une pièce de 1 euro par terre et il l'a gardée.

3. Pouvez-vous me dire où .... la grande poste ?

4. J'................................. enfin un appartement. Cet appartement .... boulevard Raspail.

8. Complétez le texte avec les verbes suivants : *appeler / s'appeler ; sentir /se sentir ; tenir / se tenir ; trouver / se trouver.*

Il était une fois une belle reine qui .... Rosamonde. Elle vivait dans un beau château qui .... dans une forêt immense. Un jour, elle .... à sa fenêtre et elle .... triste. Elle n'avait pas d'enfants. Dehors, il neigeait... Elle .... une rose à la main. De temps en temps elle portait la rose près de son visage et elle la respirait, elle .... son parfum. Mais la rose avait des épines et la reine s'est piquée. Son sang a coulé sur le sol tout blanc et elle a dit : « J'aimerais avoir une petite fille à la peau rose et blanche comme cette neige et je l'................................. Blanche-Neige. Et c'est ce qui est arrivé ! J'ai .... cette histoire dans un livre de contes célèbres.

9. On découvre d'autres mots.

Cochez la ou les bonnes réponses.

1. Horrible =
❑ **a.** qui donne l'heure.
❑ **b.** qui fait peur.
❑ **c.** qui cultive des plantes.

2. Ridicule =
❑ **a.** qui donne envie de rire.
❑ **b.** qui rit.
❑ **c.** qui a beaucoup d'argent.

3. Épouvantable =
❑ **a.** qui fait peur, horrible, effrayant.
❑ **b.** qui fait plaisir.
❑ **c.** qui fait mal.

4. Le réveil est
❑ **a.** le moment où on se réveille.
❑ **b.** une petite pendule qui sonne pour réveiller.
❑ **c.** une suite d'images qu'on voit quand on dort.

10. Et maintenant parlons un peu !

Répondez oralement aux questions en choisissant les réponses les plus correctes ! Reliez bien vos réponses pour faire un petit récit.
(Quand c'est nécessaire, utilisez des pronoms, des mots de liaison : *et, mais, puis, parce que, quand…*)

Quel rêve !
Est-ce que vous vous souvenez de vos rêves ?
....

Est-ce que vous avez des rêves agréables / désagréables, horribles, des cauchemars ?
....

Racontez un de vos rêves :
Où êtes-vous ? Où vous trouvez-vous ? Dans une maison / dehors / dans la rue / dans un jardin / au bord de la mer / dans la montagne.
....

Vous êtes seul(e) dans votre rêve. Vous êtes avec quelqu'un / un ami / un parent / quelqu'un que vous ne connaissez pas ?
....

•••

• Quand le complément change le sens

11. Donnez à chaque phrase la définition du verbe « faire » *(confectionner, fabriquer, étudier, parcourir, pratiquer, ranger, visiter).*

1. Je <u>fais</u> un gâteau.

....

2. Elle <u>fait</u> du judo.

....

3. Elle <u>fait</u> de l'anglais.

....

4. Elle <u>fait</u> sa chambre tous les matins.

....

5. Au printemps, nous <u>ferons</u> l'Italie.

....

6. Chaque dimanche, elle <u>fait</u> 10 kilomètres à pied.

....

12. Remplacez le verbe « mettre » par un verbe plus précis *(passer, (s')habiller, ranger, poser).*

1. Il <u>a mis ses vêtements</u> et il est sorti.

....

2. J'<u>ai mis</u> mes lunettes sur la table.

....

3. <u>J'ai mis</u> beaucoup de temps à faire cet exercice.

....

4. Elle <u>met</u> ses livres dans son sac.

....

13. Remplacez le verbe « prendre » par un verbe plus précis *(se baigner / se laver, se doucher, emporter, s'engager sur, s'enrhumer, utiliser, grossir, toucher à, sortir).*

1. Je ne me sens pas bien, je vais <u>prendre l'air</u>.

....

2. Pour circuler dans Paris, je <u>prends</u> toujours le métro.

....

3. Je trouve qu'il a <u>pris du poids</u> cette année.

....

4. Il est sorti sans son chapeau ; il <u>a pris froid</u>.

....

5. Il est parti pour Rome. Il <u>a pris avec lui</u> son ordinateur.

....

6. Ne <u>prends</u> pas cette statuette ; elle est fragile.

....

7. Chaque dimanche, nous faisons une grande promenade à pied, une randonnée ; nous <u>prenons</u> la route de Fontainebleau et nous allons dans la forêt.

....

8. Elle <u>prend une douche</u> le matin et elle <u>prend un bain</u> tous les soirs.

....

14. Remplacez les expressions et les verbes soulignés par : *acheter ; s'arrêter souvent, confectionner* ou *préparer ; emporter, grossir, marcher, parcourir, sortir.*

Le médecin a dit à mon ami : « <u>Prenez l'air</u>, <u>faites de la marche</u> et vous ne <u>prendrez</u>

....

<u>pas de poids</u>. » Alors, tous les dimanches, mon ami <u>prend sa parka</u> en hiver, sa casquette

....

en été et il va marcher dans un jardin de la ville. Il <u>fait</u> à peu près 5 kilomètres en <u>faisant</u>

....

<u>plusieurs arrêts</u> chez le boulanger pour <u>prendre</u> un croissant ou un petit pain au chocolat

....

et il rentre chez lui, très content. Sa femme, pour le féliciter et l'encourager, lui <u>fait</u>

....

un bon petit plat à la crème.

....

15. Associez les éléments de manière à former une phrase.

1. Je fais	**a.** froid.
2. Pour aller à la gare, vous prenez	**b.** du sport, mes amis et moi.
3. Il était pressé, il n'a mis que	**c.** un vêtement et viens avec moi.
4. Mets	**e.** cinq minutes pour aller au bureau.
5. Nous faisons	**f.** un gâteau ? Vous êtes bien aimable.
6. Il portait des vêtements légers, il a pris	**g.** la rue en face et vous tournez à droite.
7. Vous faites	**h.** mon lit chaque matin.

16. On découvre d'autres mots.

Cochez la ou les bonnes réponses.

1. La meringue est
   - ❑ **a.** une danse.
   - ❑ **b.** un gâteau fait avec des œufs et du sucre.
   - ❑ **c.** un arbre.

2. Votre collègue est
   - ❑ **a.** le frère de votre père.
   - ❑ **b.** le bâtiment où vous faites vos études.
   - ❑ **c.** une personne qui a la même profession que vous.

3. La noix est
   - ❑ **a.** l'ensemble des sons qui sortent de la gorge.
   - ❑ **b.** un chemin.
   - ❑ **c.** un fruit qui se trouve dans une coquille très dure.

4. Petit à petit =
   - ❑ **a.** un petit fromage.
   - ❑ **b.** un petit enfant.
   - ❑ **c.** peu à peu, progressivement.

5. Une goutte est
   - ❑ **a.** un léger repas que les enfants prennent à 4 h 30.
   - ❑ **b.** une très petite quantité de liquide de forme arrondie.
   - ❑ **c.** un des cinq sens.

17. Et maintenant parlons un peu !

Répondez oralement aux questions en choisissant les réponses les plus exactes ! Reliez bien vos réponses pour faire un petit récit.

(Quand c'est nécessaire, utilisez des pronoms, des mots de liaison : *et, mais, puis, parce que, quand...*)

Une bonne recette

Vous faites souvent des gâteaux / vous ne faites pas souvent des gâteaux / vous ne faites jamais de gâteaux ?

....

Quand vous préparez des gâteaux, vous les préparez d'après une recette de famille / une recette que vous avez lue dans un livre de cuisine ?

....

Quels ingrédients utilisez-vous ? Vous utilisez de la farine / du sucre / du beurre / du lait / de la crème / de la margarine / des œufs / du chocolat / de la confiture / des fruits frais (fraises, oranges, poire, pommes...) / des fruits secs (noix, noisettes, amandes...) ?

....

....

Quel nom vous donnez à ce gâteau ? C'est une tarte / un cake / un quatre-quarts / une brioche / un mille-feuilles / un flan... ?

....

• Quand la préposition change le sens

18. Tenir / tenir à ; penser de / penser à ?

1. L'enfant tient .... un jouet dans ses mains.

2. La grand-mère tient .... voir ses petits-enfants chaque semaine.

3. Je tiens .... faire ce travail moi-même.

4. Ses parents sont loin mais elle pense souvent .... eux.

5. Que pensez-vous .... ce projet ?

6. Allons les enfants ! Vous devez travailler, vous devez penser ....
votre avenir.

7. Tu as lu ce roman ? Qu'est-ce que tu penses .... l'histoire ?

19. Parler / parler à / parler de ; jouer / jouer à / jouer de ? (Attention aux articles contractés !)

1. Que font les enfants ? Ils jouent .... comme chaque soir.

2. Ils jouent .... ballon ou ils .... billes ?

3. Mon amie parle .... dix langues. Elle parle ....
français, anglais, russe, chinois…

4. J'adore parler .... mon ami. Il m'écoute, il me comprend, il me
donne des conseils.

5. Nous parlons .... moi, ... lui, ...
la vie, ... l'amour…

6. C'est une bonne musicienne. Elle joue .... piano,
.... violoncelle et .... flûte.

7. Il me téléphone chaque jour. Je .... parle chaque jour.

20. Commencer / commencer à / commencer par ; passer / passer par ?

1. Nous commencerons .... l'examen à 9 heures pile, à 9 heures
exactement.

2. Nous avons commencé .... lire le sujet à 9 heures 10.

3. Il y avait trois questions à l'examen ; j'ai commencé .... la troisième et ensuite j'ai fait les deux autres.

4. Oh regarde dehors ! Il commence .... neiger.

5. Ce n'est pas bien. Vous passez .... trop de temps au téléphone.

6. Il est passé .... de nombreuses difficultés avant d'avoir ce poste
important.

7. Pour aller à la gare, je passe .... la rue Victor-Hugo.

21. Défendre / défendre à quelqu'un de ?

1. L'avocat soutient, défend .... son client.

2. La mère interdit, défend .... ses enfants ....
jouer au bord de l'eau.

3. Les soldats, protègent, défendent .... leur pays.

5. Il est interdit, défendu .... fumer dans les TGV.

6. Le maire défend .... les habitants de la ville ....

déposer des ordures dans la rue.

7. Les écologistes .... la nature.

22. Associez les éléments de manière à former une phrase.

1. J'ai passé	**a.** de la jeune fille que tu as rencontrée chez moi.
2. As-tu parlé	**b.** du violon, de la guitare, du piano.
3. Il pense toujours	**c.** au tennis, au golf, au basket…
4. Quelle musicienne ! Elle joue très bien	**d.** hongrois, allemand et espagnol.
5. C'est un vrai sportif ! Il joue	**e.** son fils par la main.
6. J'ai commencé	**f.** à ton professeur ?
7. Elle tient	**g.** une bonne nuit. Je me sens bien.
8. Elle parle	**h.** aux touristes de toucher les tableaux.
9. Les gardiens du musée défendent	**i.** à son ex-petite amie.
10. Dis-moi ce que tu penses	**j.** à écrire ma lettre.

23. On découvre d'autres mots.

Cochez la ou les bonnes réponses.

1. Un stage est
- ❑ **a.** un terrain de sport.
- ❑ **b.** un petit jardin.
- ❑ **c.** la préparation à un métier.

2. Un coup de fil est
- ❑ **a.** un coup donné sur la tête avec un fil.
- ❑ **b.** un verre de vin.
- ❑ **c.** un appel, une communication téléphonique.

3. Un cabinet est
- ❑ **a.** l'endroit où des gens d'une même profession travaillent.
- ❑ **b.** une petite chambre dans un bateau.
- ❑ **c.** un poisson.

4. Un compliment est
- ❑ **a.** un mot qui complète un verbe.
- ❑ **b.** une prière.
- ❑ **c.** des paroles pour féliciter, pour dire « bravo ».

🗣️ 24. Et maintenant parlons un peu !

Répondez oralement aux questions en choisissant les réponses les plus exactes ! Reliez bien vos réponses pour faire un petit récit.
(Quand c'est nécessaire, utilisez des pronoms, des mots de liaison : *et, mais, puis, parce que, quand...*)

Un stage
Vous avez déjà fait un stage / vous n'avez jamais fait de stage.

....

Racontez un stage.

....

Vous avez fait / vous ferez / vous faites un stage dans un cabinet d'avocats / dans un cabinet d'affaires / dans une administration (mairie, ministère, hôpital) / dans une banque...

....

....

Le stage a duré / durera / dure 3/6 mois, un an / deux ans.

....

On vous a payé(e) / on vous payera / on vous paye / on ne vous a pas payé(e) / on ne vous payera pas / on ne vous paye pas pendant le stage.

....

....

Est-ce que vous avez appris / apprendrez / apprenez quelque chose pendant le stage ?

....

....

BILAN VII

❶ Lisez le texte suivant.

> Tous les passants regardaient la jeune fille qui portait une robe légère, jaune clair, jaune comme les blés. Grande et mince, elle marchait d'un pas léger. Le temps était clair et la jeune fille souriait en marchant, heureuse de vivre. Elle a traversé la rue, et elle est montée dans une vieille voiture où se trouvait un
> 5 vieil homme. Elle a dit : « bonjour » avec un léger accent chantant, un accent charmant et ils sont partis.

1. Donnez le synonyme des mots suivants ou expliquez-les.

légère (l. 1) → ....   clair (l. 3) → ....

léger (l. 2) → ....   vieille (l. 4) → ....

léger (l. 5) → ....   vieil (l. 5) → ....

clair (l. 2) → ....   *(7 points)*

❷ Complétez le texte avec les mots suivants : *(s)'appeler ; (se) sentir ; (se) servir ; (se) trouver ; à ; de.* **(Attention aux articles contractés !)**

Je .... Annie. J'habite dans une petite ville qui

.... dans le sud de la France. Je .... bien dans

cette ville. Je connais tout le monde. La vie y est calme.

Je n'ai pas de voiture, je .... une bicyclette pour aller d'un endroit

à l'autre.

Je parle .... mes voisins, nous parlons ....

temps qu'il fait. Nous jouons .... cartes ensemble, nous vivons

ensemble. .... *(7 points)*

❸ Trouvez un synonyme des verbes soulignés.

1. Elle <u>fait</u> une tarte.

....

2. Elle <u>met</u> son manteau dans l'armoire.

....

3. <u>Prends</u> tes gants, il fait froid.

....

4. Nous <u>faisons</u> tous un sport.

....

5. Il <u>a pris du poids</u>.

....

6. Tout le monde fume dans cette pièce. Je vais <u>prendre l'air</u>.

.... *(6 points)*

2 • Les expressions idiomatiques

• Les parties du corps

1. Associez les verbes et les parties du corps de manière à reconstituer des expressions idiomatiques.

1. Faire	**a.** de main
2. Rester	**b.** aux yeux.
3. Donner un coup	**c.** les yeux doux.
4. Donner	**d.** la tête froide.
5. Faire	**e.** sur les doigts d'une main.
6. Ne pas avoir froid	**f.** bouche cousue.
7. Avoir	**g.** sa langue au chat.
8. Garder	**h.** la tête.
9. Compter	**i.** la tête sur les épaules.

2. Associez les expressions qui peuvent avoir le même sens.

1. Avoir le cœur sur la main.
2. Avoir les pieds sur terre.
3. Avoir la langue bien pendue.
4. Avoir un cœur d'or.
5. Avoir la tête sur les épaules.
6. Ne pas avoir la langue dans sa poche.

3. En vous aidant du terme entre parenthèses, trouvez la tournure idiomatique qui signifie :

1. Garder un secret, ne pas parler.

→ .... *(bouche)*

2. Garder son calme.

→ .... *(tête)*

3. Regarder quelqu'un avec amour.

→ .... *(yeux)*

4. Être généreux.

→ .... *(cœur)*

5. Aider.

→ .... *(main)*

6. Être très bavard.

→ .... *(langue)*

7. Dire qu'on est incapable de trouver une solution.

→ .... *(langue)*

4. Trouvez l'expression idiomatique illustrée par chaque dessin et qui signifie : aider, ne pas être nombreux, zozoter.

1. ....

2. ....

3. ....

5. Donnez, en français, quelques expressions idiomatiques de votre pays qui utilisent des parties du corps.

....
....
....
....
....

• Les parties du corps (suite)

6. Associez les verbes et les parties du corps de manière à reconstituer des expressions idiomatiques.

1. Avoir l'estomac	**a.** oreille.
2. Claquer	**b.** les yeux de la tête.
3. Prendre	**c.** ses pieds.
4. Mener	**d.** à cœur.
5. Faire la sourde	**e.** bouche bée.
6. Être bête comme	**f.** dans les talons.
7. Coûter	**g.** des dents.
8. Prendre	**h.** par le bout du nez.
9. Rester	**i.** ses jambes à son cou.

7. En vous aidant des termes entre parenthèse, trouvez la tournure idiomatique qui signifie :

1. Avoir envie de

→ .... *(la bouche)*

2. Être incapable, paresseux

→ .... *(dix doigts)*

3. Avoir peur, avoir froid

→ .... *(des dents)*

4. Avoir faim

→ .... *(l'estomac, les talons)*

5. Faire quelque chose sans payer

→ .... *(l'œil)*

6. Être stupide

→ .... *(ses pieds)*

7. Dire, faire une bêtise

→ .... *(les pieds)*

8. Coûter très cher

→ .... *(les yeux, la tête)*

9. S'intéresser à

→ .... *(cœur)*

8. Remplacez les mots soulignés par une expression idiomatique de même sens.

1. Il est très difficile quand on <u>a très faim</u> d'entrer dans une boulangerie où on voit

....

tous ces gâteaux, toutes ces bonnes choses qui vous <u>font envie</u>.

....

2. Elle aime coudre ; coudre des robes, des chemisiers, des vêtements pour ses enfants. Elle peut rester pendant des heures <u>concentrée sur</u> son travail.

....

3. C'est un homme intelligent ; on peut lui parler <u>avec franchise, avec sincérité</u>.

....

4. Cette nouvelle était étonnante ; elle en est restée <u>la bouche ouverte</u>.

....

5. Quand sa femme lui parle de voyages dans des pays lointains, dans des pays de soleil, lui qui n'aime pas les voyages fait <u>celui qui ne veut pas entendre</u>.

....

6. C'est une femme très volontaire ; elle mène chacun <u>là où elle veut</u>.

....

**9. Trouvez l'expression idiomatique illustrée par chaque dessin et qui signifie :
avoir froid, être sincère.**

1. ....

2. ....

━━ 10. On découvre d'autres mots. ━━

Barrez les mauvaises réponses.

1. Constater, c'est : rester assis / ne pas changer / remarquer, observer.

2. Être autoritaire, c'est : remarquer, observer / être dans une automobile / forcer, obliger les autres à obéir.

3. Le luxe, c'est : un animal qui a de bons yeux / la manière de vivre d'une personne qui aime les belles choses très chères et pas nécessaires / une fleur.

4. La mamie, c'est : la maman / une amie / le nom de la grand-mère dans le langage des enfants.

5. Prêter quelque chose, c'est : laisser quelque chose à quelqu'un pour un moment déterminé seulement / prendre / donner.

6. La grippe, c'est : l'ongle d'un animal / une variété de cerise / une maladie contagieuse.

**11. Donnez, en français, quelques expressions idiomatiques de votre pays
qui utilisent des parties du corps.**

....

....

....

....

• Les animaux

12. Associez les éléments de manière à retrouver une expression idiomatique.

1. Être doux comme
2. S'entendre comme
3. Passer
4. Avoir une faim
5. Marcher
6. Une peau
7. Une langue
8. Avoir un mal

a. de chien.
b. de loup.
c. de vache.
d. un agneau.
e. de vipère.
f. chien et chat.
g. à pas de loup.
h. du coq à l'âne.

13. Retrouvez la tournure idiomatique qui correspond à l'expression soulignée.

1. Mon ami et sa femme s'aiment beaucoup, mais ils ont des caractères très différents et ils se disputent sans cesse.

....

2. Il n'est pas facile d'écouter cette femme ; elle parle de sport, et puis elle nous parle de ses enfants, et puis du temps qu'il fait, et puis de ses maladies ; elle passe très vite d'un sujet à un autre.

....

3. Il y a des informations effrayantes à la télévision, des émissions qui font peur.

....

4. Quand cet homme qui fume deux paquets de cigarettes par jour, s'arrêtera-t-il de fumer ? Jamais.

....

5. Je n'aime pas Julie ; elle dit du mal de tout le monde.

....

6. J'ai beaucoup de difficultés à comprendre des gens qui se disputent.

....

7. La maman marchait silencieusement pour ne pas réveiller son bébé.

....

8. Quel méchant homme !

....

9. Elle ne mange pas à midi et le soir, quand elle rentre chez elle, elle a très faim.

....

10. Ce pauvre homme a une vie très difficile.

....

11. Il faut parler franchement. Tu ne pourras pas terminer ce projet à temps.

....

14. Trouvez l'expression idiomatique illustrée par chaque dessin et qui signifie :
avoir une bonne mémoire, être enroué(e), revenir à son sujet.

1. ....

2. ....

3. ....

---

15. On découvre d'autres mots.

Barrez la ou les mauvaises réponses.

1. Prendre sa retraite, c'est : partir très vite / retirer de l'argent à la banque / s'arrêter de travailler parce qu'on a 60 ou 65 ans.

2. La mairie, c'est : une femme qui se marie / la personne qui dirige les affaires d'une ville, d'un village / le bâtiment où se trouvent les bureaux de la personne qui dirige les affaires de la ville.

3. Les soprani sont des chanteuses à la voix grave / basse / aiguë.

4. Un agneau c'est : un jeune chat / un jeune mouton / un jeune canard.

5. Être enroué(e), c'est : être fatigué(e) / être ennuyé / avoir une voix rauque, pas claire.

---

16. Donnez quelques expressions idiomatiques de votre pays qui utilisent les noms d'animaux et expliquez le sens de ces expressions.

....

....

....

....

• Les couleurs

17. Associez un nom à une couleur pour former une expression idiomatique.

1. une nuit	a. bleue
2. des idées	b. noire
3. une peur	c. vert
4. un cordon	d. blanche
5. la bête	e. noires
6. le feu	f. bleu

18. Reliez l'expression idiomatique à sa définition.

1. C'est blanc bonnet et bonnet blanc.	a. Être triste.
2. Donner carte blanche.	b. Être optimiste.
3. Être un cordon bleu.	c. Prendre du repos à la campagne.
4. Avoir une peur bleue.	d. Laisser libre d'agir, de faire comme on veut.
5. Avoir des idées noires.	e. Avoir eu très peur.
6. Voir la vie en rose.	f. C'est pareil.
7. Se mettre au vert.	g. Être un(e) bonn(e) cuisinièr(e).
8. Être blanc comme un linge.	h. Avoir très peur.

19. Utilisez une expression idiomatique à la place des mots soulignés.

1. Je suis très fatiguée ce matin ; je n'ai pas fermé l'œil, je n'ai pas dormi.

....

2. Cet élève antipathique, méchant, est détesté par toute la classe.

....

3. C'est une jeune fille très sentimentale.

....

4. Je vous donne la permission d'entrer en action, d'agir, m'a dit le directeur.

....

5. Notre patron nous fait vivre des choses très désagréables.

....

20. Associez les expressions qui ont à peu près le même sens.

1. Donner le feu vert.
2. Avoir une peur bleue.
3. Donner carte blanche.
4. Être blanc comme un linge.

21. On découvre d'autres mots.

Barrez la ou les mauvaises réponses.

1. Un(e) interne, c'est : une personne enfermée pour des troubles psychiatriques / un(e) élève qui habite, qui vit dans son lycée / un(e) étudiant(e) en médecine qui, après un examen difficile, habite dans l'hôpital où il (elle) travaille .

2. « Patatras », c'est : un animal / une pomme de terre / une onomatopée qui imite le bruit d'un objet qui tombe.

•••

•••

3. Un médicament est : une personne qui soigne / un produit qui soigne / la science qui soigne les maladies.

4. Un produit générique est : un produit riche / un poison / un produit sans nom de marque.

22. Donnez quelques expressions idiomatiques de votre pays qui utilisent les noms de couleurs et expliquez le sens de ces expressions.

....

....

....

....

• Les chiffres

23. Associez les expressions idiomatiques et leur définition.

1. En moins de deux.

2. Se mettre en quatre.

3. Voir trente-six chandelles.
4. Faire les cent pas.
5. Faire les quatre cents coups.
6. Tourner sept fois sa langue dans sa bouche.

a. Prendre le temps de réfléchir avant de parler.
b. Avoir la tête qui tourne, être étourdi par un coup.
c. Avoir une vie agitée, désordonnée.
d. Très rapidement.
e. Se donner du mal.
f. Aller et venir.

24. Parmi toutes ces expressions, trouvez les deux qui ont à peu près le même sens.

1. Ne faire ni une ni deux.
2. Un de ces quatre.
3. En moins de deux.
4. Être tiré à quatre épingles.

25. Remplacez les mots soulignés par l'expression idiomatique de même sens.

1. La jeune femme était habillée avec beaucoup de soin. Elle avait un entretien pour un emploi.

....

2. Il y a des gens qui n'ont pas peur de faire de la peine aux autres et qui n'hésitent pas à leur dire des choses désagréables, avec une franchise brutale.

....

3. Amélie est une femme très sympathique. Elle aime se donner du mal pour ses amis.

....

4. Il a déjà eu deux accidents de voiture ; il devrait faire attention ; cela pourrait arriver une troisième fois.

....

5. C'est un homme plein d'énergie. Il monte toujours l'escalier <u>très rapidement, en sautant des marches</u>.

....

6. Cette chanson aura du succès ; c'est sûr, c'est mathématique, <u>c'est évident</u>.

....

7. Je passerai vous voir un <u>jour plus ou moins proche</u>.

....

8. Il n'a pas vu la porte vitrée et il est rentré dedans si fort qu'il <u>en a été étourdi</u>.

....

9. Très nerveux, le futur papa <u>allait et venait sans cesse</u> dans le couloir de la clinique où sa femme était en train de donner naissance à leur premier enfant.

....

10. Un film de François Truffaut raconte <u>la vie désordonnée et très agitée</u> d'un jeune garçon. Cette expression a donné son titre au film.

....

26. Donnez toutes les expressions que vous connaissez qui comportent les chiffres :

1. Quatre :

....

....

2. Deux :

....

....

27. On découvre d'autres mots.

Barrez les mauvaises réponses.

1. Un commissariat, c'est : un magasin / un endroit où se trouvent les bureaux du commissaire de police, de celui qui dirige les policiers / un parti politique.

2. Une déposition c'est : le fait de poser quelque chose par terre / un endroit où on met les ordures / la déclaration d'une personne qui a assisté à quelque chose, qui a vu quelque chose.

3. « Ouf » est : un animal / un gros coussin posé sur le sol / une onomatopée qui exprime le soulagement.

28. Donnez quelques expressions idiomatiques de votre pays qui utilisent les chiffres et expliquez le sens de ces expressions.

....

....

....

....

BILAN VIII

....

❶ Pouvez-vous citer trois expressions idiomatiques où apparaît le mot « cœur » et qui signifient :

1. être bon(ne) → ....

2. être généreux → ....

3. avec franchise → ....

❷ Pouvez-vous citer trois expressions idiomatiques où apparaît le mot « langue » et qui signifient :

1. zozoter → ....

2. être très bavard → ....

3. dire qu'on est incapable de trouver une solution → ....

❸ Pouvez-vous citer trois expressions idiomatiques où apparaît le mot « pieds » et qui signifient :

1. être réaliste → ....

2. être stupide → ....

3. dire, faire une bêtise → .... *(9 points)*

❹ Lisez le texte suivant. Un personne parle à une autre personne. Est-ce qu'elle lui dit des paroles gentilles ou méchantes ? Expliquez…

Je vais vous parler à cœur ouvert.
Allez vous mettre au vert !
Je mets peut-être les pieds dans le plat
Mais il faut appeler un chat un chat.
Vous faites sans cesse les quatre cents coups
Vous faites à tout le monde les yeux doux
Et ne restez pas bouche bée
C'est la vérité !   *(7 points)*

❺ Donnez une expression idiomatique où apparaissent les couleurs suivantes :

1. bleu(e) → ....

2. noir(e)(s) → ....

3. blanc(he) → ....

4. rose → .... *(2 points)*

❻ Cochez la bonne réponse.

1. J'ai vu <u>trente six chandelles</u> parce que le salon est illuminé / c'est mon anniversaire / j'ai reçu un coup.

2. Quand <u>les deux font la paire</u>, il s'agit : d'une paire de gants / d'une paire de chaussures / de deux personnes qui ont les mêmes défauts.

(2 points)

3 • Quand on parle dans la rue...

• Les emprunts

1. Dans les phrases suivantes, les mots soulignés viennent de l'anglais. Trouvez des équivalents en français et récrivez ces phrases en faisant les transformations nécessaires (attention aux accords).

1. Où est mon jogging ? Dans le dressing ou au pressing ?

....

2. Le casting du film a été fait par le metteur en scène lui-même.

....

3. Ce roman a été le best-seller de l'année.

....

4. Elle se maquille rapidement. Un peu de blush sur les joues, un trait d'eye-liner et voilà !

....

5. Elle ne quitte jamais son walkman. Elle écoute de la musique toute la journée.

....

6. Cette star de cinéma n'accorde plus d'interviews aux journalistes.

....

7. Le matin, mes enfants mangent des corn-flakes.

....

2. Récrivez ce texte en utilisant des mots empruntés de l'anglais.

J'ai faim ! Je voudrais de la viande sous forme de saucisse, des pommes de terre frites en rondelles et des grains de maïs soufflés.

....

....

3. Habillons-nous en anglais !

1. Nous mettrons un pantalon en toile bleue, solide → ....

2. Un maillot de coton → ....

3. Une paire de bottines → ....

4. Écoutons de la musique en anglais !

1. De la musique composée par les noirs d'Amérique → ....

2. De la musique disco très rythmée → ....

3. Une musique populaire qui vient du jazz, et qui est aussi une danse. →

....

5. Allons au cinéma en anglais !

1. Dans le générique, nous lirons le nom de <u>celui qui a tenu la caméra</u>.

Dans le générique nous lirons le nom du ....

2. Nous lirons aussi le nom de l'auteur du <u>scénario</u>, du ....

3. Celui de la <u>vedette</u>, de la ....

4. Et nous verrons peut-être un film avec des <u>gardiens de vaches</u> .... et des Indiens.

5. Nous verrons un ....

6. Barrez les mauvaises réponses.

1. Quand on fait un tag, on fabrique un bijou / on fait une plaisanterie / on trace des signes sur les murs.

2. Quand on joue au baby-foot, on joue avec des bébés / au football / au football de table.

3. Quand on est dans un camping-car, on est sous la tente / dans un camp de vacances / dans une camionnette aménagée pour le voyage.

4. Quand on utilise le ketchup cela signifie qu'on est enrhumé / qu'on aime une sauce à base de tomates / qu'on imite le bruit du train.

7. Associez les anglicismes et leur définition en français.

1. Un kidnapping

2. Une baby-sitter

3. Un match

4. Un shampoing

a. un produit pour laver les cheveux.

b. une rencontre sportive.

c. une personne qu'on paye pour garder de jeunes enfants.

d. l'enlèvement d'une personne pour obtenir de l'argent.

8. On découvre d'autres mots.

Barrez la ou les mauvaises réponses.

1. Un rôle, c'est : un patin à roulettes / un texte dit par un acteur qui joue un personnage / un objet rond / le personnage d'une pièce de théâtre, d'un film ou d'une émission de télévision.

2. Une jupe, c'est : une fleur / un jeu de cartes / un vêtement pour les femmes qui va de la ceinture vers le bas.

3. Un studio, c'est : un appartement formé d'une seule pièce / un objet pour écrire / un endroit pour tourner des films.

9. Pouvez-vous trouver dans votre langue des emprunts au français ?

Donnez-en quelques-uns et précisez le sens qu'ils ont pu prendre dans votre langue.

....

....

....

....

• Les abréviations

10. Retrouvez le mot complet à partir des abréviations suivantes.

1. C'est un <u>ado sympa</u> qui prépare son <u>bac</u> et qui ne comprend pas les <u>maths</u>. Après

....

le <u>bac</u>, il entrera à la <u>fac</u> mais en attendant il passe ses <u>aprèm</u> dans l'<u>appart</u> de ses

....

parents. En fait, il est plus souvent devant le <u>frigo</u> ou la <u>télé</u> que devant ses livres et

....

ses <u>dicos</u>. Il est aussi <u>accro</u> aux jeux vidéo. Ses <u>profs</u> ne sont pas très contents.

....

Quand il est fatigué de travailler, il va au <u>ciné</u> ou il fait un peu de <u>gym</u> pour assouplir

....

ses bras et ses jambes. Parfois, il prend le <u>métro</u> et il va au <u>resto</u> retrouver des amis.

....

Ils discutent pendant des heures de la vie et de l'avenir.

11. Retrouvez le mot complet à partir des abréviations suivantes. (Vous pouvez chercher dans un dictionnaire.)

Allô, allô, je suis bien à l'<u>hosto</u> ? → ....

Je voudrais des <u>infos</u> → ....

Sur le <u>labo</u> → ....

Et un petit <u>topo</u> → ....

Sur mes <u>radios</u> → ....

12. Retrouvez le mot complet à partir des abréviations suivantes. (Vous pouvez chercher dans un dictionnaire.)

La <u>pub</u> ! Ce n'est pas <u>extra</u> → ....

La <u>clim</u> ! Ce n'est pas extra ! → ....

Tous à la <u>manif</u> ! dit l'<u>écolo</u>. → ....

Pas en <u>auto</u> ou à <u>moto</u> ! → ....

Mais à vélo !

• Les sigles

13. Associez les sigles et leur définition.

1. La RATP	**a.** le certificat d'aptitude de l'enseignement supérieur.
2. Le FLE	**b.** le parti communiste.
3. Une HLM	**c.** le diplôme approfondi de langue française.
4. Le CAPES	**d.** la régie autonome des transports parisiens.
5. Le DALF	**e.** le français langue étrangère.
6. Le PC	**f.** le parti socialiste.
7. Le PS	**g.** une habitation à loyer modéré.

14. Associez d'autres sigles à leur définition.

1. La BD
2. EDF/GDF
3. L'OM
4. Le RER
5. La SNCF
6. Le TGV
7. Le PSG
8. Le SMIC

a. le train à grande vitesse.
b. la Société nationale des chemins de fer français.
c. le Paris-Saint-Germain.
d. la bande-dessinée.
e. l'Olympique de Marseille.
f. le réseau express régional.
g. le salaire minimum interprofessionnel de croissance.
h. Électricité de France / Gaz de France.

15. Qu'y a-t-il derrière ces lettres ?

1. Les habitants de Paris circulent en métro avec la RATP.

....

2. Ils prennent parfois aussi le RER.

....

3. S'ils veulent aller plus loin, avec la SNCF, ils prennent le TGV.

....

16. Qu'y a-t-il derrière ces autres lettres ?

Les étudiants les connaissent bien. En effet, il y a des étudiants qui passent le CAPES,

....

d'autres présentent le DALF ou préparent un maîtrise de FLE.

....

17. Chassez l'intrus.

SNCF / RER / RATP / TGV / HLM.

18. Chassez l'intrus.

CAPES / BD / DALF / FLE.

19. Histoire d'une vie. Développez le sigle souligné pour retrouver l'expression complète.

C'est un employé qui habite dans une HLM. Il prend le RER pour aller de sa banlieue à son

....

travail. Il ne gagne pas beaucoup d'argent. Il gagne seulement le SMIC. Il a un petit

....

emploi à EDF/GDF. Il ne fait pas de politique. Mais il y a quelques années, il était inscrit

....

au PC. Et maintenant, il pense que le PS peut aussi le défendre. Le dimanche, il va

....

parfois au parc des Princes ou au Stade de France assister à des matchs de football.

....

Ses équipes favorites sont l'OM et le PSG. Et le soir, dans son lit, il s'endort en lisant une BD.

....

20. Recherchez dans votre langue des sigles et donnez-en quelques-uns que vous expliquerez.

....

....

....

• Les interjections, les onomatopées

21. Retrouvez la situation derrière les interjections et les onomatopées.

1. *Il y a trois personnages.*
– Bla, bla, bla,
– Bla, bla, bla
– Chut !
– Bah ! Bla, bla, bla !

....

....

2. *Il y a deux personnages.*
– Boum !
– Aïe, aïe, aïe ! La vache !
– Bah !

....

....

3. *Il y a deux personnages.*
– Atchoum !
– Beurk !

....

22. Associez les interjections et les onomatopées avec le sentiment qu'elles expriment.

1. Ouille, ouille, ouille !	**a.** la surprise ou l'admiration.
2. Bof !	**b.** le soulagement.
3. Beurk !	**c.** l'hésitation, le doute.
4. Euh !	**d.** la douleur.
5. Ouf !	**e.** l'indifférence.
6. Oh !	**g.** le dégoût.

23. Associez les interjections et les phrases.

1. Boum !	**a.** Que tu es jolie !
2. Mince !	**b.** Je ne te crois pas, ce n'est pas possible !
3. Mon œil !	**c.** ne te gêne pas, fais comme chez toi !
4. Hum !	**d.** Quel désordre !
5. Eh bien,	**e.** À tes souhaits !
6. Ouah !	**f.** Tu es encore là ?
7. Chut,	**g.** Ça va ? Rien de cassé ?
8. Atchoum !	**h.** Je ne suis pas sûr !
9. Tiens ?	**i.** J'ai sali ma jolie robe !
10. Oh là là !	**j.** Ne fais pas de bruit !

24. Avez-vous des interjections et des onomatopées dans votre langue ?

Donnez-en quelques-unes et expliquez le sens de ces expressions.

....

....

• Les cris des animaux

25. Qui...

1. bourdonne ?　C'est ....

2. miaule ?　　C'est ....

3. aboie ?　　　C'est ....

4. rugit ?　　　C'est ....

5. roucoule ?　 C'est ....

26. Que fait...

1. le loup ?　　Il ....

2. le mouton ?　Il ....

3. l'oiseau ?　　Il ....

4. le coq ?　　　Il ....

5. le cheval ?　Il ....

27. Associez l'animal et le verbe qui caractérise son cri.

1. la vache   **a.** pépie.
2. le corbeau   **b.** brait.
3. le moineau   **c.** caquette.
4. l'âne   **d.** meugle
5. le merle   **e.** cancane.
6. le canard   **f.** croasse.
7. la poule   **g.** siffle.

28. Où sont les animaux ?

Ex. : *L'âne est dans l'**écurie**.*

1. Le cheval est dans ....

2. La vache est dans ....

3. Le mouton est dans ....

4. La poule et le coq sont dans ....

29. Les animaux parlent.

Ex. : *Hi han ! C'est le **braiment** de l'âne.*

1. Meuh ! c'est le .... de la vache.

2. Ouaf, ouaf ! c'est l'................................ du chien.

3. Miaou, miaou ! c'est le .... du chat.

4. Hou, hou ! c'est le .... du loup.

5. Bê, bê ! c'est le .... du mouton.

6. Bzz, bzz, c'est le .... de l'abeille.

30. Associez l'animal et son cri.

1. Le lion
2. Le pigeon
3. Le cheval
4. Le moineau
5. Le corbeau

a. le croassement
b. le pépiement
c. le rugissement
d. le roucoulement
e. le hennissement

31. On découvre d'autres mots.

Barrez la ou les mauvaises réponses.

1. La savane est : un gâteau / un espace en Afrique, où de hautes herbes poussent et où les arbres sont rares / une vieille chaussure.

2. Un cauchemar, c'est : un mauvais rêve / le cri du canard / un animal.

32. Est-ce que dans votre langue le coq fait cocorico ?

Que fait-il ?

....

• Le langage très familier

33. Chassez l'intrus.

se barrer / se fringuer / se casser / se tirer.

34. Chassez l'intrus.

crevé(e) / nase / marrant.

35. Chassez l'intrus.

débile / peinard / taré.

36. Retrouvez la langue courante derrière la langue populaire.

Ce mec était peinard dans son bar. Il bossait, il bavardait avec ses potes. Il rencontrait des gens marrants. Mais parfois il avait le cafard, il était crevé, complètement nase. Alors, il se cassait, il se tirait au bord de la mer. Là, plus de baratin avec des gens tarés, débiles ; il n'avait plus besoin de mettre ses fringues de travail, plus de pompes à bout pointu, plus de fric. Il n'avait pas besoin d'épater ses clients, ceux qui restaient scotchés sur leur tabouret pendant des heures. Il était au top. Ça baignait pour lui.

....
....
....
....
....
....

BILAN IX

Les emprunts

1 Chassez l'intrus. Et donnez le thème dominant.
pop-corn, corn-flakes, hot-dog, chips, cameraman.

....

2 Chassez l'intrus. Et donnez le thème dominant.
jean, casting, tee-shirt, boots.

....

3 Chassez l'intrus. Et donnez le thème dominant.
casting, cameraman, star, jogging.

....

(3 points)

Les abréviations

Qu'est-ce qui se cache derrière ces mots ? Retrouvez le mot complet.
1. J'ai entendu une <u>pub</u> très amusante.

....

2. Je vais aller voir une <u>expo</u> sur les changements climatiques.

....

3. Mon <u>prof</u>. est <u>super</u> !

....

(2 points)

Les sigles

Qu'est-ce qui se cache derrière ces lettres ? Retrouvez le mot complet.
1. La <u>RATP</u> est en train de rénover, de refaire de nombreuses stations de métro.

....

2. Elle va passer le <u>CAPES</u> d'anglais.

....

3. Il y a de nombreuses <u>HLM</u> dans les banlieues.

....

4. La <u>SNCF</u> offre des places à des prix intéressants à certaines périodes de l'année.

....

5. Elle a réussi au <u>DALF</u>.

....

6. Elle habite en banlieue. Elle prend le <u>RER</u> chaque jour.

....

(3 points)

Les interjections, les onomatopées *(3 points)*

Quel est le sentiment exprimé par les termes suivants :

1. Beurk ! → ....

2. Euh ! → ....

3. Bah ! → ....

4. Oh ! → ....

5. Aïe, aïe, aïe ! → ....

6. Hum ! → ....   *(3 points)*

Les cris d'animaux

Quel est l'animal, quel est le verbe et le cri qui correspondent aux onomatopées suivantes :

l'onomatopée	l'animal	le verbe	le cri
1. meuh !	....	....	....
2. bzz, bzz !	....	....	....
3. hou, hou !	....	....	....
4. brrrou, brrrrou	....	....	....
5. hi-han	....	....	....

(7 points 1/2)

Le langage très familier

Que signifient ces expressions très courantes dans la langue parlée ?

1. Il est <u>marrant</u> ce <u>mec</u> ! ....

2. Il <u>bosse</u> bien ! ....

3. Quel <u>flemmard</u> ! ....

4. J'ai le <u>cafard</u> ! ....

5. J'ai beaucoup de <u>boulot</u> en ce moment. ....

(1 point 1/2)

CORRIGÉS

I. ON FORME LES MOTS

1 • 1 Ces petits mots, ces quelques lettres qui changent tout : les préfixes

Le préfixe dé-

1. coiffer, faire n'ont pas de préfixe ; décoiffer, défaire ont un préfixe : **dé-**

2. **dé**placer, **dé**ranger, **dés**habiller.

3. **dé**plier, **des**serrer, **dés**ordre, **dé**charger.

4. débarrasser de ce qui bouche, enlever le bouchon ; ouvrir, déballer ; laisser échapper l'air qui gonflait ; déplacer, désorganiser ; enlever les habits, les vêtements.

5. 1. Elle dérange les pulls… – **2.** … elle est décoiffée, dépeignée – **3.** … elle défait son lit – **4.** Elle déplace… – **5.** … démodée.

6. le peigne ; la coiffure ; le coiffeur ou la coiffeuse ; la place.
J'ai toujours un peigne dans mon sac – Elle a changé de coiffure, ses cheveux sont plus courts – Le coiffeur coupe les cheveux de la cliente. C'est ma place !

7. 1. un bain – **2.** les rideaux – **3.** les chaussures – **4.** un bol de lait et une tartine – **5.** une jeune fille au pair – **6.** des fauteuils.

8. Proposition : C'est le matin, il est 7 heures. La mère ouvre les rideaux et réveille son enfant parce que c'est l'heure d'aller à l'école. Elle habille et coiffe l'enfant. Dehors, le vent souffle et décoiffe les passants. C'est le soir, la mère déshabille l'enfant, défait le lit et ferme les rideaux.

Le préfixe dé- (suite)

9. **dé**plier, **dés**ordre, **des**serrer.

10. 1. Je décroche un tableau… – **2.** L'automobiliste détache… ; Il desserre… ; Elle déplie…

11. Horizontalement : 2. dépeigne – **6.** déplacer – **8.** décoiffer – **10.** démodé – **12.** attacher
Verticalement : II. déplie – **VII.** désordre – **X.** défaire.

12. 1c – 2c – 3a et b – 4a.
2. C'est une corbeille ; c'est la taille ; c'est un placard.

13. Proposition : Je décroche la robe. Je déplie le pull-over. Je donne une ceinture à la cliente, elle la serre. Mais la ceinture est petite pour elle, elle la desserre. Dans le magasin, les clientes dérangent les vêtements et moi, le soir, je plie les pulls, je range les vêtements, j'accroche les robes.

Les préfixes dé- et re-

14. déplier, décharger / embarquer, emballer / regonfler, replier.

15. **re**mplir, **re**charger, **re**mettre, **re**gonfler.

16. **dé**boucher, **re**mettre, **dé**charger, **re**plier.

17. partir de nouveau, partir pour l'endroit d'où l'on est venu ; charger de nouveau ; plier ce qui a été déplié.

18. 1. … débarquent – **2.** Je déballe les disques… – **3.** Rapportez la télé…

19. 1. Elle remet… – **2.** Elle replie… – **3.** … Ils rechargent… – **4.** … ils repartent… – **5.** … elle rebouche… – **6.** … et je regonfle… – **7.** … je les rapporte… – **8.** … je le refais.

20. Exemple : charger, décharger, recharger ; plier, déplier, replier ; boucher, déboucher, reboucher.

21. décoiffe… dégonflé gonfle… dégonflé… regonfle… dégonflé… regonfle… dégonflés.
ils déplient… déplacent… débouchent… rebouchent… accrochent… décrochent.

22. 1a – **2.** je mange du saucisson.

23. C'est un lac ; c'est une abeille ; c'est un poulet.

24. Proposition : Aujourd'hui, nous allons faire un pique-nique parce qu'il y a du soleil et parce que le ciel est bleu. Nous mangerons dehors. Il est 9 heures du matin. Nous partons, nous emballons la nourriture et nous chargeons la voiture. Nous arrivons dans un endroit magnifique. Nous déplions les nappes, nous débouchons les bouteilles et nous mangeons sous les arbres, près de l'eau. C'est le soir, nous replions les nappes, nous rebouchons les bouteilles, nous rechargeons la voiture et nous repartons.

Les préfixes in-, mal-, re-…

25. **mal**chance, **mé**content, **in**exact, **im**possible, **re**commencer.

26. **im**mobile, **re**lire, **im**patient, **dés**agréable, **en**lever.

27. recharger, revenir / inquiet, impossible / mécontent, malheureux.

28. impossible (négation) ; relire (répétition) ; revenir (répétition) ; mécontent (négation) ; malheureux (négation) ; remettre (répétition).

29. 1. … elle est inexacte. – **2.** … est incomplet. – **3.** … impatient… – **4.** … désagréables. – **5.** Elle emporte…

30. 1c – 2b – 3b.

31. Proposition : Je ne serai pas une star de la chanson parce que je chante faux. Mais je suis capable d'écrire une chanson. Beaucoup de gens pensent que c'est impossible. Mais moi, j'écris ma chanson sur un ordinateur et je suis contente. C'est bien !

Les préfixes dé-, in-, re-…

32. 1. transporter – **2.** enlever – **3.** inquiet – **4.** immobile.

33. a) 1. … porte… – **2.** j'apporterai… – **3.** Emportez… – **4.** … je transporte… – **5.** raporte…
b) 1. Elle place… – **2.** La mère place…, … l'enfant le déplace… la mère le replace… – **3.** … je vais le remplacer…

34. 1. … débranchent. – **2.** … inutile… – **3.** … malchance… mécontent.

35. 1. Je ne chante pas juste, je chante faux. – **2.** Je ne frappe pas, je tape. – **3.** Ce n'est pas un technicien, c'est un musicien. – **4.** Ce n'est pas une nuit d'été, c'est une tasse de café. – **5.** Il n'est pas pour les voitures, il est pour les passants. – **6.** Ce n'est pas un mot en moins, c'est un mot un plus. – **7.** Ce n'est pas une histoire, c'est une table haute et étroite dans un café. – **8.** Ce n'est pas un fleuve à Paris, c'est, dans une salle de théâtre ou de concert, l'endroit où les musiciens et les comédiens jouent. – **9.** Ce n'est pas une crème glacée, c'est un objet qui montre mon image.

36. Proposition : Nous allons au concert dans une salle de concert. Là, il y a des musiciens, des techniciens, des spectateurs. Les techniciens branchent ou débranchent les micros, déplacent des chaises, transportent des pianos.
Les musiciens jouent de la trompette, de la guitare, du piano. Avant le concert, les spectateurs crient, tapent des mains parce qu'ils sont impatients. À la fin du concert, les musiciens emportent leurs instruments de musique.

Les préfixes bi-, en-, re-...

37. **sur**vêtement, **bi**cyclette, **para**pluie, **super**champion, **tri**colore, **contre**-attaque.

38. enlever, emmener / relancer, relever / superchampion, superstar.

39. redescendre : retour à un état antérieur – rebondir : renforcement – relever : retour à un état antérieur – rattraper : renforcement – ramener : retour à un état antérieur – repasser : répétition.

40. 1. ramène – **2.** recommence – **3.** relance… rebondit – **4.** reviens… repartirai – **5.** repasse – **6.** remonte… redescends – **7.** rattrape – **8.** repasse – **9.** relève… remettent.

41. Horizontalement : 1. remplacer – **3.** bicyclettes – **6.** bicolore – **8.** attrape – **11.** repartir
Verticalement : I. rebondir – **VI.** lancer – **XI.** superstar.

42. 1a et 1b – 2c – 3c – 4d – 5b et 5c.

43. Proposition : Oui, je suis sportif (ou sportive). Je fais du basket. Quand il fait froid sur le terrain, je porte un survêtement mais avant le match, je l'enlève. Pendant le match, je lance la balle à une joueuse qui la rattrape. La joueuse la relance. La balle monte, redescend, rebondit, et quand je tombe, on me relève. J'ai mal à la jambe, on me ramène au vestiaire. Je ne suis ni une championne ni une super-championne.

Les préfixes ad-, con-, re-...

44. 1f – 2e – 3d – 4i – 5g – 6b – 7j – 8a – 9c – 10h

45. **r**entrer, **re**prendre, **em**ménager, **dé**ménager, **re**venir, **com**prendre.

46. 1. … je comprends… – **2.** … apprennent… – **3.** … je n'en reprendrai pas…

47. minibar, micro-ordinateur / supermarché, hypermarché.

48. bicolore, tricolore, multicolore.

49. 1. …mi-temps. – **2.** prend – **3.** archipleine. – **4.** ultra-rapides. – **5.** supermarchés, hypermarchés – **6.** extraordinaire – **7.** parapluie – **8.** téléphone

50. 1. 1. Une personne bavarde parle beaucoup. – 2. Une personne indiscrète pose beaucoup de questions. – 3. Quitter, c'est laisser derrière soi. – 4. Cacher, c'est

ne pas montrer. – 5. Interroger quelqu'un, c'est poser une question à quelqu'un. – **2.** Le voyage ; le voyageur ou la voyageuse.

51. Proposition : Pour aller à Londres, je prends l'Eurostar qui est un train ultrarapide et non-fumeur.
Il y a beaucoup de monde dans l'Eurostar, il est toujours archi-plein. Il passe sous l'eau, sous la Manche. L'Eurostar est un moyen de transport extraordinaire. Les voyageurs sont africains, américains, européens ; je ne comprends pas tous les voyageurs quand ils parlent. Je reprendrai l'Eurostar pour rentrer chez moi. J'apprends beaucoup quand je voyage. Je vois des gens nouveaux, j'entends d'autres langues, je rencontre des personnes.

Les préfixes ad-, con-, im-...

52. Horizontalement : 1. suffixe. – **4.** adverbe. – **8.** préfixe. – **12.** conjonction.
Verticalement : V. imparfait. – **IX.** pronom. – **XI.** préposition.

53. Proposition : Oui, j'aime la grammaire. Je ne la comprends pas très bien. Je ne comprends pas tous les mots de la grammaire. Mais maintenant, je connais les mots : conjonction, préposition, adverbe, préfixe, suffixe, imparfait.
Oui, il y a des suffixes et des préfixes dans ces mots.

BILAN I

❶ 1. vrai – 2. vrai – 3. faux – 4. vrai.

❷ incapable, impossible, malchance, mécontent, désordre, dégonfler.

❸ relever, ramener.

❹ **porter** est un verbe sans préfixe ; dans **apporter**, il y a le préfixe **ap-** qui marque un mouvement vers ; dans **transporter**, il y a le préfixe **trans-** qui signifie à travers.
Je porte des lunettes : mon ami m'a apporté des fleurs ; on a transporté l'armoire dans une autre chambre.

❺ Le préfixe, dans **enlever** et **emporter**, marque l'éloignement.

❻ Dans **hypermarché**, le préfixe hyper- marque la supériorité ; dans **mi-temps**, le préfixe **mi-**, marque la quantité ; dans **parapluie**, le préfixe **para-** marque l'opposition ; dans **micro-ordinateur**, le préfixe **micro-** marque la petitesse.

❼ les rideaux et la fenêtre – le salon et des fauteuils – un bateau et un lac – des vêtements et un placard – une ceinture et la taille – un ballon et un terrain de sport – un parapluie et la pluie – un train et une gare – une guitare et la musique – un technicien et un micro – une étagère et des livres – une préposition et un infinitif.

----

1 • 2 Ces quelques lettres qui changent tout : les suffixes

Les suffixes -ain, -ais, -an...

1. Amérique, France, Espagne, Chine, Brésil sont des noms de pays ; améri**cain**, fran**çais**, espagn**ol**, chin**ois**, brésil**ien** sont des noms ou des adjectifs de nationalité formés avec les suffixes : -ain, -ais, -ol, -ois, -ien.

2. polon**ais**, ital**ien**, argen**tin**, allem**and**, afgh**an**.

3. anglais**e**, australie**nne**, espagnol**e**, grec**que**, lettone, philippine, roumain**e**, russe, tur**que**.

4. un(e) Luxembourgeois(e), un(e) Chilien(ne), un(e) Bulgare, un(e) Danois(e), un(e) Portugais(e), un(e) Japonais(e), un(e) Suisse, un(e) Camerounais(e), un(e) Algérien(ne).

5. 1. une Hongroise, m. – **2.** français, adj. – **3.** les Belges, n. – **4.** Canadiens, n. – **5.** marocain, hollandais, adj. – **6.** beaucoup de Polonais, n. – **7.** italiens, argentin, adj.

6. Horizontalement : 1. marocaine – **5.** suédois – **7.** canadienne.
Verticalement : I. malienne – **IV.** ougandais – **VIII.** norvégien – **XI.** laotien.

7. a, mer, i, c, ain, américain.

8. 1. anglais – **2.** bulgare – **3.** grec – **4.** suédois – **5.** turc – **6.** hongrois – **7.** espagnol.

9. 1. vrai – **2.** faux, c'est une ville – **3.** vrai – **4.** vrai – **5.** faux, c'est un prénom – **6.** faux, c'est une chaîne de montagnes.

10. Proposition : je m'appelle (Monica) ou… ? Je suis européenne, je suis italienne. Je viens d'Italie. La capitale de mon pays est Rome. Je parle italien. Et je vis en ce moment à Paris en France.

Les suffixes -teur, -ture…

11. agricul**teur**, puéricul**ture**, ac**trice**, traduc**tion**.

12. agricultrice – traductrice – présentatrice – dessinatrice – actrice – architecte.

13. peintre, peinture ; présentateur, présentatrice, présentation ; traducteur, traductrice, traduction.

14. 1c – 2d – 3e – 4f – 5b – 6a ;

15. 1. faux, c'est une partie de l'agriculture – **2.** faux, c'est une personne qui travaille avec des petits enfants – **3.** faux, elle présente généralement des émissions à la télévision – **4.** vrai – **5.** faux, il traduit des livres d'une langue à une autre – **6.** vrai, il peint des tableaux mais il peint aussi les murs d'une maison ; c'est un peintre en bâtiments.

16. 1. profession – **2.** traducteur – **3.** peinture – **4.** agricultrice – **5.** jardinier.

17. 1. Une ferme est un ensemble formé par une terre, une maison et des bâtiments. – **2.** Un jardin est un terrain où il y a des fleurs, des légumes, des arbres. – **3.** Un écrivain est une personne qui écrit des livres. – **4.** Une émission est une partie d'un programme de radio ou de télévision. – **5.** Une bande dessinée est une suite de dessins qui racontent une histoire. – **6.** Une crèche est un endroit où les parents qui travaillent laissent leurs petits enfants.

18. 1. C'est un présentateur de télévision – **2.** C'est un acteur.

19. Proposition : Je ne suis pas agriculteur, agricultrice, je suis acteur et je joue au théâtre, à la Comédie Française…

Les suffixes -ain, -air, -at…

20. bibliothécaire, universitaire et secrétaire / pianiste, violoniste et journaliste / chanteur, vendeur et danseur.

21. 1. danseuse – **2.** musicienne – **3.** vétérinaire (ne change pas.) – **4.** enseignante – **5.** informaticienne – **6.** médecin (ne change pas) – **7.** ingénieur (aujourd'hui, on accepterait ingénieure).

22. 1. C'est le/la violoniste – **2.** C'est le/la violoncelliste – **3.** C'est le/la (contre)bassiste – **4.** C'est l'altiste – **5.** C'est le/la flûtiste – **6.** C'est le/la clarinettiste – **7.** C'est le/la guitariste – **8.** C'est le/la saxophoniste.

23. 1f – 2g – 3h – 4b – 5c – 6d – 7e – 8a.

24. l'avocat avec le droit ; le médecin avec la médecine, le vétérinaire avec les animaux, le professeur avec l'enseignement.

25. danseuse, vendeuse, ingénieur, chanteuse. L'intrus est l'ingénieur qui n'a pas le même suffixe au féminin que les autres.

26. Les deux intrus sont : secrétariat et université.

27. 1b – 2c – 3f – 4a – 5d – 6e.

28. 1. Je suis bibliothécaire. – **2.** Je suis médecin. – **3.** Je suis violoniste. – **4.** Je suis secrétaire. – **5.** Je suis journaliste. – **6.** Je suis peintre. – **7.** Je suis architecte.

29. danseur, danseuse, la danse ; dessinateur, dessinatrice, le dessin ; vendeur, vendeuse, la vente ; enseignant(e), l'enseignement ; chanteur, chanteuse, le chant.

30. C'est une danseuse, c'est un vendeur.

31. 1. animal – **2.** journaux – **3.** Je me suis mariée devant le maire et devant un représentant d'une religion avec mon mari ; je ne suis pas mariée avec mon fiancé, mais c'est mon futur mari. – **4.** Pour un Français, Proust par exemple. – **5.** **multi** – est le préfixe, -ale est le suffixe et **nation** est le mot base – **6.** Je fais de la musique, je joue du piano, je joue de la guitare. – **7.** Je suis journaliste, j'écris dans un journal.

32. Proposition : Je suis bibliothécaire et j'aime ma profession ; elle est intéressante.

Les suffixes -eur, -ie, -tion

33. agita**tion**, haut**eur**, épaiss**eur**, sympath**ie**, minc**eur**, préten**tion**, modest**ie**.

34. douceur, maigreur, laideur / longueur, largeur.

35. 1. doux, douce – **2.** épais, épaisse – **3.** haut, haute – **4.** laid, laide – **5.** large (m., f.) – **6.** long, longue – **7.** maigre (m., f.) – **8.** mince (m., f.).

36. 1. adoucir – **2.** épaissir – **3.** enlaidir – **4.** élargir – **5.** allonger – **6.** maigrir.

37. 1. la modestie – **2.** la sympathie – **3.** l'antipathie – **4.** l'agitation – **5.** l a prétention.

38. Proposition : Ma chambre n'est ni grande ni petite. Elle a 4 mètres de large et 4,50 m de long. Sa longueur est presque égale à sa largeur. Le plafond n'est pas très haut. On peut toucher le lustre qui descend du plafond. La hauteur de la chambre est de 3 mètres. Ses murs ne sont pas très épais. Elle a une fenêtre qui donne sur un boulevard animé le jour et tranquille la nuit. Contre un mur, il y a un grand lit, et au-dessus du lit, un très grand miroir. Une armoire ancienne occupe un autre mur. Une commode, un fauteuil Voltaire complètent le mobilier de ma chambre. Au sol, il y a un tapis bleu. Sur ma table de nuit, il y a une lampe de chevet en bois et quelques livres. Il y a aussi un radio-réveil.

39. 1. épais ; l'épaisseur – **2.** haut ; la hauteur – **3.** large ; la largeur – **4.** long ; longueur.

40. 1c – 2d – 3b – 4a.

41. 1. agité – **2.** prétentieux – **3.** modeste – **4.** sympathiques.

42. Horizontalement : 1. sympathie – **3.** laide – **5.** modeste – **9.** long.
Verticalement : II. mince – **V.** prétention – **VIII.** hauteur – **X.** épaisseur.

43. 1a – 2b et 2c – 3c – 4c – 5b – 6b – 7c – 8b et c.

Les suffixes -eur, -oir

44. aspirat**eur**, ascens**eur**, ordinat**eur**, réfrigérat**eur**, répond**eur**, télévis**eur**. Ces mots sont tous masculins et ils représentent tous des objets.

45. lecteur, horodateur et radiateur ; miroir, rasoir et séchoir.

46. miroir et séchoir sont des noms masculins. Bouilloir**e** et passoir**e** sont des noms féminins.

47. L'intrus est *rasoir*.

48. L'intrus est *professeur*. Il a le même suffixe que les autres mots, mais c'est le seul qui représente une personne. Les autres mots représentent des choses.

49. 1. aspirer – **2.** bouillir – **3.** distribuer – **4.** lire – **5.** passer – **6.** raser – **7.** répondre – **8.** sécher.

50. 1. C'est une bouilloire. – **2.** C'est une passoire. – **3.** C'est un séchoir. – **4.** C'est un miroir.

51. 1c – 2a – 3a et b – 4c – 5b.

52. 1g – 2h – 3e – 4f – 5b – 6c – 7a – 8d.

53. pas, soir, e, passoire.

54. 1. faux – **2.** vrai – **3.** faux – **4.** faux – **5.** faux – **6.** vrai.

55. Proposition. J'habite dans un immeuble de dix étages. Il y a un ascenseur et je prends l'ascenseur parce que j'habite au dixième étage. J'ai un aspirateur parce qu'il y a de la poussière dans les appartements. J'ai aussi un ordinateur parce que je suis étudiante. J'ai besoin d'un ordinateur pour taper mes dissertations. J'ai un téléviseur, mais je n'aime pas la télévision. Les bonnes émissions sont rares.

Les suffixes -ance, -ence, -esse...

56. tolér**ance**, impati**ence**, faibl**esse**, franch**ise**, optimi**sme**, jalous**ie**, beau**té**, tranquilli**té**.

57. 1. gentillesse (f.) – **2.** jeunesse (f.) – **3.** bonté (f.) – **4.** pauvreté (f.) – **5.** bêtise (f.) – **6.** franchise (f.) – **7.** intolérance (f.) – **8.** violence (f.).

58. 1. La méchanceté – **2.** La vivacité – **3.** L'hypocrisie – **4.** La paresse.

59. tolérance et arrogance ; jeunesse et tristesse ; pauvreté et vivacité ; bêtise et gourmandise ; hypocrisie et jalousie ; pessimisme et égoïsme ; patience et intelligence.

60. 1. Il est très riche. – **2.** Dis-moi pourquoi tu es triste. – **3.** Il est très sensible. – **4.** Il est très gourmand, il peut manger dix gâteaux.

61. 1. Ils sont d'une grande pauvreté. – **2.** Tu es d'une grande méchanceté. – **3.** Quelle tranquillité dans ce quartier. – **4.** C'est un homme d'une grande bonté.

62. L'intrus est *paresseux*, qui a un suffixe, alors que les autres adjectifs n'ont pas de suffixe : jeune, gentil, riche, triste, faible.

63. 1. embellir – **2.** patienter – **3.** enrichir – **4.** tolérer – **5.** vieillir.

64. L'intrus est le verbe *attrister*. C'est un verbe du 1er groupe en -er, alors que tous les autres sont des verbes du 2e groupe en -ir : rajeunir, affaiblir, appauvrir.

65. 1c – 2d – 3e – 4f – 5b – 6a.

66. 1. le courage, courageux (-euse) – **2.** l'ennui (m.), ennuyeux (-euse) – **3.** le travail, travailleur (-euse).

67. Horizontalement : 1. tristesse – **3.** arrogance – **5.** vieux – **7.** intelligence – **10.** sévérité.
Verticalement : I. tranquillité – **IV.** bêtise – **VII.** gaieté – **XII.** jeune.

68. 1. La gourmandise est le caractère de celui qui aime manger beaucoup de bonnes choses. – **2.** La vivacité est le caractère de celui qui a de la vie, qui bouge, qui est rapide. – **3.** La jalousie est le caractère de celui qui envie ce que les autres ont et qu'il n'a pas et c'est aussi le désir d'avoir seulement et complètement à soi la personne que l'on aime.
Ex. : Jean a une vieille voiture et il est jaloux de la Mercedes de son voisin. Jean aime Jeanne et il n'aime pas que d'autres hommes la regardent.
4. La franchise est la qualité d'une personne franche, qui ne cache rien, qui dit ce qu'elle pense sans mentir.

69. 1. encourage, travaillez – **2.** ennuie – **3.** attriste – **4.** enrichit – **5.** patienterai – **6.** l'embellit – **7.** je vieillis.

70. 1. Les mots « qualité » et « défaut » sont de sens contraire. – **2.** Faire le portrait de quelqu'un, c'est dessiner quelqu'un, c'est aussi décrire oralement quelqu'un. – **3.** Passager = quelque chose qui passe, qui ne dure pas.

71. Proposition : Je ne suis ni jeune ni vieille, ni petite ni grande, ni laide ni belle, mais je suis mince. Je suis souvent gaie, mais parfois j'ai des moments de tristesse. J'ai un caractère optimiste ; je pense que demain tout sera plus beau. Je suis vive donc je ne suis pas très patiente. Je suis paresseuse mais quand c'est nécessaire je suis travailleuse. Je suis franche mais jalouse et c'est difficile.

Les suffixes -erie, -ier, -er...

72. bouch**er**, épic**ier**, blanchiss**erie**, serrur**ier**, libr**aire**, crém**erie**.

73. bouch**er** et boulang**er** ; pâtiss**ier**, crém**ier** et poissonn**ier**, teintur**erie** et serrur**erie**.

74. 1. boucher/boucherie – **2.** boulanger/boulangerie – **3.** crémier/crémerie – **4.** pâtissier/pâtisserie – **5.** poissonnier/poissonnerie – **6.** libraire/librairie.

75. boucher, **boulang**er, **teintur**ier
L'intrus est teinturier qui a un suffixe en -ier, alors que boucher et boulanger ont un suffixe en -er.

76. boulanger, **épic**ier, **serrur**ier, **crém**ier, **teintur**ier, **poisson**nier
L'intrus est boulanger, qui a un suffixe en -er alors que tous les autres mots ont un suffixe en -ier. Le suffixe -ier est normalement le suffixe de tous ces mots. Mais quand il vient après la lettre « g » ou le groupe

« ch », il s'écrit ; -er (sans doute pour des raisons phonétiques, pour des raisons de prononciation).

77. libraire est l'intrus. Il a un suffixe différent des autres : serrurier, épicier, pâtissier, crémier.

78. 1. C'est un poisson. – **2.** C'est une poissonnerie. – **3.** C'est une bouteille de lait. – **4.** C'est une crémerie. – **5.** C'est une boucherie.

79. 1. blanchisseuse – **2.** bouchère – **3.** boulangère – **4.** épicière – **5.** fleuriste (m., f.) – **6.** libraire (m., f.) – **7.** pâtissière – **8.** poissonnière.

80. 1d – 2e – 3a – 4f – 5b – 6c.

81. 1. poissonnier (m.), poissonnière (f.), poisson (m.), poissonnerie (f.) – **2.** épicier (m.), épicière (f.), épicerie (f.), épice (f.) = plante parfumée et piquante qui donne du goût aux aliments. – **3.** crémier (m.), crémière (f.), crémerie (f.), crème (f.) = matière grasse du lait. On fait le beurre avec la crème – **4.** blanchisseur (m.), blanchisseuse (f.), blanchisserie (f.), blanc (-che) adjectif de couleur – **5.** libraire (m., f.), librairie (f.), livre (m.).

82. 1. chez le boulanger – **2. à** l'épicerie – **3. à** la blanchisserie – **4. chez** le teinturier – **5. à** la poissonnerie – **6. chez** le poissonnier.
Règle : après les verbes aller, passer, être… on utilise la préposition **à** devant les noms de personnes, et la préposition **chez** devant les noms de boutiques, de magasins.

83. C'est une fleuriste.

84. Horizontalement : **1.** blanchisserie – **5.** teinturier – **8.** épicerie – **11.** pâtisserie.
Verticalement : I. boulangerie – **V.** crémerie – **IX.** serrure – **XI.** librairie.

85. boulangerie/poissonnier/pâtisserie/fleuriste/épicerie/bouchère.

86. 1a – 2c – 3a, b et c – 4b – 5c.

87. Proposition : Je vais chez le boulanger, chez l'épicier, chez le crémier, chez le boucher, chez le poissonnier, chez le boulanger, chez le teinturier. Mais je ne vais pas tous les jours chez tous le commerçants. Je vais rarement chez le teinturier. J'ai un lave-linge. Je cuisine rarement, mais je prépare parfois des pâtes pour mes amis. Je vais tous les jours chez le boulanger, souvent chez l'épicier, parfois chez le poissonnier ; je vais chez le crémier le dimanche. Je ne vais jamais chez le boucher, je ne mange pas de viande.

Les suffixes -ier / ière, -ier ou -er...

88. pêch**er**, soup**ière**, sauc**ière**, thé**ière**, salad**ier**, pomm**ier.**

89. *cafetière, salière, théière* sont des noms d'objets au féminin.
beurrier, cendrier, sucrier sont des noms d'objets au masculin.

90. *saladier* est l'intrus. Ce mot est au masculin. Les autres mots : cafetière, salière, saucière, soupière, sont au féminin.

91. *oranger* est l'intrus. Ce nom a un suffixe en -er alors que les autres mots ont un suffixe en -ier : poirier, citronnier, fraisier, pommier.

92. *cendrier* est l'intrus. Cendrier est un mot qui représente un objet, les autres mots sont des noms d'arbres fruitiers : pommier, poirier, citronnier, fraisier.

93. *rosier* est l'intrus. C'est le nom d'un arbre qui porte des fleurs ; les autres mots sont des noms d'objets : saladier, poivrier, beurrier, sucrier.

94. 1. le saladier – **2.** le sucrier – **3.** le cendrier – **4.** la saucière – **5.** la théière – **6.** le beurrier – **7.** la salière – **8.** le poivrier.

95. 1. saler – **2.** sucrer – **3.** beurrer – **4.** poivrer.

96. 1. le cerisier – **2.** le citronnier – **3.** le poirier – **4.** le pommier – **5.** le fraisier – **6.** le rosier – **7.** l'oranger – **8.** le pêcher.

97. 1. sucrier – **2.** saladier – **3.** soupière – **4.** théière – **5.** poivrier.

98. Horizontalement : 1. cerisier – **4.** rosier, pommier – **8.** oranger.
Verticalement : I. citronnier – **V.** pêcher – **IX.** poirier – **XI.** fraisier.

99. Proposition : Je suis d'un pays où poussent des bananes sur des bananiers, des grenades sur des grenadiers, des mangues sur des manguiers, des avocats sur des avocatiers, des kakis sur des kakis…

100. 1. C'est une tasse. – **2.** C'est un plateau. – **3.** Un mégot est un bout de cigarette. – **4.** respire, laver, ramasse, pose, range.

101. Proposition : Je prends mes repas à la cuisine parce que je vis seule. Je mange aussi souvent dehors. Je vais dans un restaurant et je déjeune avec des amis. Je déjeune ou je dîne dans ma salle à manger quand j'ai des invités. Alors, je mets la table. Je mets une jolie nappe sur la table et je pose dessus les assiettes, les couverts, la salière, le poivrier. Quand les invités sont à table j'apporte la soupière ou le saladier à la fin du repas. Après le repas nous prenons le café. Je pose sur le plateau la cafetière, les tasses à café, les petites cuillères, le sucrier. Je ne pose pas de cendrier parce que mes amis ne fument pas et moi non plus.

Les suffixes -age, -tion

102. atterriss**age**, bavard**age**, communica**tion**, conversa**tion**, discus**sion**.

103. bricolage, bronzage, décollage : tous ces mots sont masculins.
information, organisation, réservation : tous ces mots sont féminins.

104. 1d – 2e – 3f – 4g – 5b – 6h – 7c – 8a.

105. 1. informa**tion**, invita**tion**, déclara**tion**, observa**tion** – **2.** expli**cation**, communi**cation**, édu**cation**, fabrica**tion** – **3.** organi**sation**, informati**sation**, générali**sation**, utili**sation**.

106. 1. bavarder – **2.** décolle ou décollera, atterrit, atterrira – **3.** bricoler – **4.** jardine – **5.** maquiller, maquiller, maquiller.

107. Horizontalement : 1. embouteillage – **4.** décollage – **8.** passage – **11.** bronzage.
Verticalement : III. bricolage – **VII.** maquillage – **XI.** atterrissage – **XIII.** bavardage.

108. 1. communication – **2.** réservations, réservations – **3.** explication – **4.** organisation – **5.** discussions – **6.** informations – **7.** invitations – **8.** conversations.

109. 1. 1. vrai – **2.** faux, c'est une plante odorante. – **3.** faux, c'est l'ensemble de petits grains de roche écrasés. On trouve du sable sur les plages. – **4.** faux, c'est un saut dans l'eau, la tête et les bras en avant. – **5.** vrai – **6.** vrai – **7.** vrai.

2. *jardin* est l'intrus. Tous les autres mots (mer, nager, plongeon, vague, plage, sable) appartiennent au thème de la mer.

3. *lavande* est l'intrus. Tous les autres mots (voyage, avion, hôtel, partir) appartiennent au thème du voyage, du départ.

4. 1. Le festival est une manifestation musicale ou théâtrale. – **2.** Un short est une culotte courte pour le sport ou les vacances.

5. Proposition : Une journée de plage commence tôt, le matin. À neuf heures. À cette heure-là, il n'y a pas beaucoup de monde sur la plage. On est plus tranquille. On reste un moment sous le soleil du matin qui n'est pas encore très chaud. Puis vers 10 heures on va faire un plongeon dans les vagues fraîches et salées. On nage, on s'éloigne de la plage, on voit les autres vacanciers sur le sable qui ne sont là que pour le bronzage. L'eau est délicieuse, ni trop chaude ni trop froide. On va sous l'eau et on voit des poissons de toutes les couleurs. Puis on revient au bord. On sort de l'eau, mouillé et heureux. Parfois des amis arrivent. On bavarde, on discute ; on arrête le bavardage et les discussions pour jouer au ballon. On déjeune sur la plage. On mange un sandwich ou on déjeune au restaurant de la plage. L'après-midi, on ne reste pas au soleil. On va sous un parasol. On dort un peu, on fait une sieste. Puis, encore une fois, c'est le plongeon dans la vague.

110. Proposition : Pendant les vacances, je vais à la mer mais je n'aime pas le bronzage sur la plage, je préfère nager. Parfois je ne vais pas à la mer ; je visite des pays et des villes que je ne connais pas. Je prends généralement l'avion pour aller dans ces pays. J'adore le moment du décollage et de l'atterrissage. On dit que ce sont les moments les plus dangereux en avion, mais ce sont les moments où l'avion montre sa force, sa puissance.

Les suffixes -al(e), -el(le), -ement, -ment

111. chang**ement**, enseign**ement**, rembours**ement**, égale**ment**, géni**al**, music**al**, habitu**el**.

112. abonnement et déménagement ; commercial et médical ; audiovisuel et maternel.

113. 1. commerci**ale** – **2.** médic**ale** – **3.** music**ale** – **4.** habitu**elle** – **5.** matern**elle** – **6.** natur**elle**.

114. 1. entraîn**ement** est un nom – **2.** naturelle**ment** est un adverbe – **3.** emménag**ement** est un nom – **4.** heureuse**ment** est un adverbe – **5.** égale**ment** est un adverbe – **6.** rang**ement** est un nom – **7.** encombr**ement** est un nom – **8.** courageuse**ment** est un adverbe.

115. 1. changement est un nom ; le mot base est le verbe *changer*. – **2.** *médicalement* est un adverbe ; le mot base est l'adjectif *médical(e)* – **3.** enseignement est un nom ; le mot base est le verbe *enseigner* – **4.** *musicalement* est un adverbe ; le mot base est l'adjectif *musical(e)* – **5.** *rapidement* est un adverbe ; le mot base est l'adjectif *rapide*.

116. 1. un abonnement, (s')abonner, un abonné – **2.** enseignement, un(e) enseignant(e), enseigner – **3.** un entraînement, entraîner, un entraîneur – **4.** commercialement, commercial(e), un commerce, un(e) commerçant(e) – **5.** musicalement, musical(e), la musique, un(e) musicien(ne) – **6.** naturellement, naturel(le), la nature.

117. 1. remboursement – **2.** entraînement – **3.** abonnement – **4.** encombrements – **5.** déménagement et emménagement, changement – **6.** enseignement – **7.** rangement

118. 1. génial – **2.** médicale – **3.** naturel – **4.** habituelle – **5.** commercial – **6.** maternel – **7.** musicale – **8.** audiovisuelle.

119. 1. complètement – **2.** rapidement – **3.** également – **4.** courageusement – **5.** heureusement – **6.** Naturellement.

120. Horizontalement : 1. encombrement – **4.** naturellement – **7.** emménagement – **10.** géniale – **13.** musicale.

Verticalement : I. également – **III.** changement – **IX.** médical – **XV.** entraînement.

121. ha / bi / tu / el, habituel.

122. 1. *La rentrée* des écoles en France est en septembre. – **2.** Pendant *les vacances*, on ne travaille pas – **3.** *Étoile* et *Concorde* sont des noms de places et des noms de stations de métro à Paris. – **4.** Je prends *une valise* pour voyager – **5.** Quand *je défais* une valise, je rentre de voyage. – **6.** Je vais au *conservatoire* pour étudier la musique. – **7.** La vie *quotidienne*, c'est la vie de tous les jours. – **8.** *Courir*, c'est avancer rapidement. – **9.** *Inscrire*, c'est écrire pour ne pas oublier, c'est aussi écrire son nom ou le nom de quelqu'un sur une liste.

2. *Prochain* se place généralement avant le nom : *Je descends au prochain arrêt.*

3. Il se place après des noms de temps et signifie : qui suit chronologiquement un autre moment : *la semaine prochaine*, c'est la semaine qui suit la semaine où nous sommes, *le mois prochain*, c'est le mois de février quand on est en janvier, *l'année prochaine*, c'est l'année 2006, quand on est en 2005.

123. Proposition : J'habite dans une grande ville et après les vacances, on retrouve les embouteillages. Il y a beaucoup de voitures. Mais, moi, je suis tranquille, je n'ai pas de voiture et je circule en métro, en bus ou à vélo. Après les vacances, je m'inscris toujours dans un salle de sport pour faire du sport ou de la gymnastique. Je vais à l'entraînement deux fois par semaine. Et puis, j'y vais une fois par semaine, une fois par mois, et puis…

....

BILAN II
....

❶ 1. faux – **2.** vrai – **3.** vrai – **4.** faux – **5.** vrai.

❸ animation, agitation, conversations, discussion.

❹ jeunesse, vieillesse, faiblesse, tristesse, gentillesse
beauté, gaieté, méchanceté
bêtise, laideur, intelligence.

5 algérien(ne), allemand(e), américain(e), chinois(e), japonais(e), français(e), marocain(e), turc/turque.

6 la longueur, la largeur.

7 – noms de personne qui exercent un métier : un professeur, un(e) danseur(-euse), un(e) chanteur(-euse)
– noms d'objets : un horodateur, un aspirateur, un ordinateur, un téléviseur
– noms qui marquent une caractéristique : la minceur, la douceur, la laideur
– noms qui marquent une dimension : la longueur, la largeur.

8 **a)** informaticien, musicien, secrétaire, bibliothécaire
b) violoniste, guitariste, saxophoniste
danseur -euse, chanteur-euse
vendeur, vendeuse.

9 une épicerie et un épicier, une boucherie et un boucher, une boulangerie et un boulanger, une (blanchisserie) teinturerie et un teinturier, une poissonnerie et un poissonnier, une librairie et un libraire.

10 déménagement, emménagement, enseignement.

11 naturellement, difficilement.

12 saladier, beurrier, théière, soupière
séchoir, bouilloire.

---

1 • *3* Un ce n'est pas assez : les mots composés

Les noms composés

1. beau-frère, beau-père, beaux-parents, belle-fille, belle-sœur, grand-mère, grand-père, grands-parents, petit-fils, petite-fille, petits-enfants.

2. **1.** Ma grand-mère paternelle est anglaise. – **2.** Ma belle-sœur est avocate. – **3.** Ma belle-mère n'est pas très vieille. – **4.** Ma petite-fille est très gentille.

3. **1.** C'est mon beau-père. – **2.** Ce sont mes grands-parents. – **3.** C'est ma belle-sœur. – **4.** Ce sont mes petits-enfants. – **5.** Ce sont mes beaux-parents.

4. 1a et b – 2c – 3c – 4c – 5b.

5. **Proposition :** Mes parents sont mexicains. J'ai quatre sœurs et cinq frères, j'ai une famille nombreuse. Mes grands-parents paternels sont morts, mais mes grands-parents maternels sont vivants. Mes quatre sœurs et mes cinq frères sont mariés. J'ai beaucoup de belles-sœurs et de beaux-frères. Mes parents ont des petits-fils et des petites-filles. Quand nous sommes tous ensemble le jour de l'An, le 1er janvier, la maison est pleine. Et tous les enfants crient, rient, courent, jouent.

Les noms composés (suite)

6. **1**d, petit déjeuner ou petit-déjeuner – **2**e, abat-jour – **3**f, lave-linge – **4**a, porte-serviettes – **5**b, deux-pièces – **6**g, porte-parapluies – **7**c, bande dessinée.

7. C'est un lave-vaisselle, un lave-linge, un porte-serviettes.

8. rez-de-chaussée, une chambre à coucher, une salle de séjour, une salle à manger, une salle de bains. Dans la chambre à coucher, une lampe de chevet, table de nuit. … un chef-d'œuvre.

9. **1.** lave-linge – **2.** boîtes à/aux lettres – **3.** rez-de-chaussée – **4.** salles de bains – **5.** chambres à coucher – **6.** salles à manger – **7.** chefs-d'œuvre – **8.** tables de nuit.

10. **1.** L'appartement est à moi. – **2.** L'appartement n'est pas à moi. – **3.** Les passants sont des gens qui passent dans la rue. – **4.** Un ascenseur en panne ne marche pas. – **5.** L'inox est un métal. – **6.** Le géranium est une fleur. – **7.** J'admire une chose ou une personne qui est belle.

11. **Proposition :** J'habite un rez-de-chaussée dans un immeuble ancien. J'ai trois pièces. Une chambre à coucher, une salle à manger, une salle de séjour. Dans ma chambre à coucher j'ai une table de nuit près de mon lit et dessus j'ai une lampe de chevet pour lire la nuit.
À côté de la chambre à coucher, j'ai une salle de bains. Dans ma cuisine, j'ai un lave-vaisselle et un lave-linge.

Les noms composés (suite)

12. **1**c, un chou-fleur, des choux-fleurs – **2**e, un pois chiche, des pois chiches – **3**h, de la crème fouettée – **4**i, un foie gras, des foies gras – **5**b, un petit pois, des petits pois – **6**j, un petit four, des petits fours – **7**a, du pain perdu – **8**g, un grille-pain, des grille-pain – **9**d, un tire-bouchon, des tire-bouchons – **10**f, un porte-monnaie, des porte-monnaie.

13. un pot-au-feu, des pot-au-feu ; une pomme de terre, des pommes de terre.

14. **1.** portefeuille – **2.** tire-bouchon – **3.** grille-pain – **4.** petits pois.

15. Prenez des tranches de pain sec. Trempez-les, mettez-les dans du lait. Puis plongez-les dans l'huile chaude ou du beurre et laissez-les frire quelques minutes. Quand les tranches de pain sont dorées, sortez-les de l'huile, égouttez-les et posez-les sur du papier. Versez, sur ces tranches de pain du miel ou saupoudrez-les de sucre et mangez-les. C'est très bon.

16. Une salade de choux-fleurs et de pommes de terre ; une tranche de foie gras ; des petits pois ; un paris-brest ou, un saint-honoré.

17. **1.** Paris-Brest, un paris-brest – **2.** pain, perdu, pain perdu.

18. **1.** Pour manger de la soupe j'utilise une cuillère. – **2.** Le poireau est un légume. – **3.** Le navet est un légume. – **4.** La carotte est un légume.

19. **Proposition :** Je mange généralement chez moi, mais parfois je mange au restaurant. Chez moi ou au restaurant, je mange rarement une salade de choux-fleurs ou une salade de pommes de terre. Je n'aime ni la salade de choux-fleurs ni la salade de pommes de terre. Mais j'aime certains légumes. J'aime les haricots verts, les petits pois, j'aime aussi les tomates. Pour moi, la tomate est un légume, mais beaucoup de gens disent que c'est un fruit. Je n'aime pas le foie gras, je n'en mange pas. Je n'en ai jamais mangé. J'aime bien le pot-au-feu, mais en hiver seulement. On y trouve des carottes, des navets, des poireaux et de la viande. J'aime peut-être la cuisine française, mais je ne la connais pas bien.

Les noms composés (suite)

20. **1**e, auto-stop – **2**h, lampe torche – **3**f, station-service – **4**a, pull-over – **5**i, aller-retour – **6**b, rendez-vous – **7**d, carte orange – **8**c, gîte rural – **9**g, après-midi.

21. un sac à dos ; une auberge de jeunesse ; un sac de couchage.

22. 1. des cartes orange – **2.** des pull-overs – **3.** deux allers-retours – **4.** les après-midi – **5.** des gîtes ruraux, des auberges de jeunesse – **6.** nos sacs de couchage.

23. 1. les Parisiens – **2.** les Romains – **3.** ... – **2.** l'automne, l'hiver et le printemps – **3.** L'air des villes est pollué. = L'air des villes est mauvais pour la santé. Dormir au bord d'une route. = Dormir près de la route. – **4.** 1d, 2c, 3a, 4b.

24. Proposition : Pendant le week-end, je reste généralement chez moi, je suis fatigué(e). Mais parfois, je quitte la ville. Je prends le train, je n'ai pas de voiture. Je ne fais pas d'auto-stop en week-end et je n'en fais pas non plus pendant les vacances. Je pars avec des amis et nous dormons dans des hôtels confortables. Quand j'étais étudiante, je faisais de l'auto-stop avec mes amis et nous dormions dans des auberges de jeunesse. Nous emportions nos sacs à dos, nos sacs de couchage et des lampes torches. Nous aimions alors partir sur la route et parfois nous dormions dehors.

Les locutions adverbiales

25. 1. À gauche, à droite – **2.** en-haut, en bas, à côté, en face, là-bas, là-dessous.

26. de bonne heure, en avance, tout de suite, en retard, à l'heure, à tout à l'heure, au revoir et à bientôt, à demain.

27. 1b – 2c – 3b et c – 4c – 5c – 6c.

28. Proposition : Je n'aime pas être dehors de bonne heure. Je sors de chez moi à 8 heures du matin et, quand je rencontre un voisin, je lui dis « bonjour » ! Je bavarde avec lui et quand je le quitte je lui dis au revoir, à demain. Je marche dans la rue en regardant devant. Quand je traverse la chaussée, je regarde à droite, à gauche. Je ne regarde ni derrière ni au-dessus. J'arrive toujours à l'heure au bureau.

Les locutions verbales

29. 1. Tu as, il fait – **2.** Il fait, il fait, nous avons – **3.** lui font, Elle a – **4.** te font. Tu as.

30. 1c – 2d – 3a – 4b.

31. 1. faim – **2.** froid – **3.** sommeil – **4.** soif – **5.** chaud – **6.** raison.

32. 1. a envie – **2.** a besoin – **3.** a envie – **4.** ai besoin – **5.** ai besoin – **6.** as envie – **7.** avez besoin – **8.** a envie.

33. 1h – 2g – 3a – 4e – 5f – 6i – 7c - 8b – 9d.

34. 1a – 2c – 3b – 4c.

35. Proposition : Quand il fait jour à six heures du matin, je reste dans mon lit. Je sors plus tard, je sors à 8 heures. Quand il fait nuit, je rentre chez moi. Je ne sors pas, je ne marche pas seule dans les rues. J'ai peur la nuit dans les rues. Quand il fait bon, je vais dans un jardin de ma ville ou près du fleuve. Mais quand il fait froid, je reste chez moi. Parfois je mets un pull-over, un manteau, des gants et je vais marcher dans la rue. Quand il fait chaud, je vais à la piscine et je nage.

36. Proposition : Quand il fait froid, je mets un manteau, j'ai besoin d'un manteau comme tout le monde.
Quand il fait chaud, je ne mets ni manteau, ni gants, ni bonnet.
Quand j'ai envie d'un gâteau, je vais à la pâtisserie et j'achète un gâteau.
Quand je fais une erreur, j'ai honte.

Quand j'ai un rendez-vous, je suis toujours à l'heure. Quand j'ai mal, je ne dis rien. Quand j'ai peur, je ne dis rien ou je mets la tête sous l'oreiller.
Quand je fais mes exercices, je fais attention et parfois je regarde le plafond.
Quand on me fait plaisir, je dis merci, je suis content(e).

....

BILAN III
....

❷ deux-pièces, rez-de-chaussée, salle de bains, pull-over, lave-linge, grille-pain, rendez-vous.

❸ elle a faim, elle a soif, elle fait attention, il fait froid, il fait bon, il ne fait pas encore nuit, elle n'a pas sommeil, elle a rendez-vous, elle a mal au dos.

❹ en bas, à côté, en face, à l'heure.

2. ON COMPREND LES MOTS

2 • 1 Quand les mots s'opposent : les antonymes

Les adjectifs et les noms

1. 1e – 2i – 3j – 4a – 5h – 6d – 7b – 8c – 9g ou f – 10e.

2. 1. étroite – **2.** légère – **3.** courts – **4.** rapide – **5.** calmes, petites – **6.** basse – **7.** ensemble (attention, le sujet est toujours pluriel).

3. 1. rares – **2.** bien portant ou en bonne santé – **3.** fragile – **4.** animées.

4. 1c – 2d – 3e – 4f – 5g – 6a – 7b.

5. 1. mince – **2.** léger – **3.** faible – **4.** léger – **5.** lourde – **6.** épais – **7.** fort – **8.** un chapeau neuf (attention, vieux se place avant le nom, neuf après le nom) – **9.** jeune.

6. 1. le passé – **2.** le futur ou l'avenir – **3.** mort – **4.** maladie.

7. 1. vieillesse, jeunesse – **2.** lenteur, rapidité – **3.** animation, tranquillité – **4.** force, faiblesse – **5.** solidité, épaisseur – **6.** légèreté, fragilité – **7.** longeur, largeur – **8.** hauteur.

8. 1. guéri – **2.** remplis – **3.** rajeunit – **4.** baisse – **5.** raccourcir.

9. 1. courte, longue – **2.** épaisse, légère – **3.** malade, bien portante – **4.** haute, basse – **5.** jeune, vieille – **6.** large, étroite – **7.** sucrée ; amères

10. 1. 1. quartier – 2. vêtement – 3. gratte-ciel – 4. stade. **2.** 1.travaille – 2. sort – 3. habite – 4. dit, mangez, marchez – 5. passent, passe – 6. aime, aime – 7. roule – 8. reste – 9. regardent – 10. pense, porter – 11. vivre.

11. Proposition : J'habite au Maroc, à Marrakech. Le quartier où nous vivons, ma famille et moi, n'est ni ancien ni moderne. La rue est étroite et elle est plantée d'arbres magnifiques (ou des arbres magnifiques poussent sur les trottoirs). Ce sont des lilas du Japon. Ils donnent au printemps des fleurs violettes qui sentent très bon, qui ont une odeur délicieuse. La rue est calme, beaucoup d'enfants jouent sur la chaussée, au milieu de la rue. Les voitures sont rares.

Les maisons sont basses. Elles ont un seul étage. Dans chaque maison vit une famille. Les habitants du quartier sont jeunes ou vieux. Il y a les parents, les grands-parents, les enfants, les tantes, les oncles… Quand les grands-parents sont malades, les enfants et les petits-enfants sont là.

Dans ma rue, il n'y a pas de boutiques, pas de magasins. Il n'y a ni boulangerie, ni boucherie, ni épicerie, ni librairie. Tous les magasins sont dans le centre-ville, dans un autre quartier très animé.

À la maison, nous buvons du thé, un thé très sucré comme de la confiture. Je n'aime pas le thé sucré, je préfère, j'aime mieux le thé amer.

Je suis très heureuse dans ce quartier où on entend la nuit les chouettes dans les arbres et les grenouilles dans les trous d'arbres.

Les adjectifs et les noms (suite)

12. 1. Cette voiture est chère, je ne vais pas l'acheter. – **2.** Il est pauvre, il a besoin de l'aide de ses amis. – **3.** Je n'aime pas ces tableaux modernes ; je les trouve laids. – **4.** Elle est grosse, elle doit manger moins. – **5.** Tu as les mains propres, tu peux couper le gâteau. – **6.** Cet homme est sincère, je le crois. – **7.** Personne ne l'écoute ; il raconte des histoires ennuyeuses. – **8.** Sa sœur est plus grande qu'elle (ou, elle est moins grande que sa sœur).

13. Horizontalement : 1. gentillesse – **5.** ressemblance – **9.** pauvreté – **13.** mensonge.
Verticalement : I. générosité – **VIII.** laideur – **X.** silence – **XII.** intelligence.

14. 1d – 2e – 3f – 4a – 5h – 6i – 7c – 8j – 9g – 10b.

15. 1. bavarde – **2.** silencieuse – **3.** sincère, franche – **4.** hypocrite, menteuse – **5.** riche – **6.** pauvre – **7.** égoïste – **8.** généreuse.

16. 1. chère, bon marché (invariable) – **2.** méchante, gentille – **3.** intéressante, ennuyeuse – **4.** pareilles, différentes – **5.** belles, laides – **6.** maigre – **7.** Quelle menteuse !

17. 1a – 2c – 3b et c – 4c.

18. Proposition : J'aime bien regarder, observer les gens. Dans le métro, dans la rue quand je marche, dans un café où je suis assise à une table, je regarde les hommes, les femmes, les enfants qui passent, qui vont et viennent. Les uns sont beaux et gais, ou beaux et tristes, les autres sont laids et gais ou laids et tristes. Quelques-uns sont gros ou maigres, propres ou sales. Leurs vêtements ont parfois des taches d'huile ou des taches d'encre. Quand on les écoute, certains sont intéressants, d'autres ennuyeux. Ils sont différents les uns des autres. Ils ont des défauts et des qualités. Ils ont parfois de petits défauts ou de grands défauts, comme l'égoïsme et la méchanceté ou des qualités, de grandes qualités comme la générosité et la bonté.

Les adjectifs

19. 1. désobéissant – **2.** malhonnête – **3.** mécontente – **4.** impoli – **5.** désordonnée – **6.** incapables – **7.** intolérant – **8.** difficile.

20. 1. imprudent – **2.** inculte – **3.** impatient – **4.** inattentif – **5.** mécontent.

21. 1. honnête – **2.** malhonnête – **3.** obéissante – **4.** désobéissante – **5.** prudente – **6.** imprudente – **7.** patiente – **8.** impatiente – **9.** cultivée – **10.** inculte.

22. 1. inattention (f.) – **2.** malhonnêteté (f.) – **3.** désobéissance (f.) – **4.** désordre (m.) – **5.** impatience (f.) – **6.** impolitesse (f.) – **7.** imprudence (f.) – **8.** intolérance (f.)

23. in- est un préfixe négatif qu'on place devant un mot base ; mais **in-** donne **im-** devant les lettres **m, b** et **p**. Et ainsi on a, *in*culte, *in*capable, *in*tolérant, mais *im*patient, *im*poli, *im*prudent.

24. Proposition : Jean est un garçon sympathique que tout le monde aime. Il est toujours prêt à aider les autres. Il est généreux. Il ne pense jamais à lui. Les autres d'abord. Il est gai, optimiste. On a toujours envie de rester avec lui. Il est patient, tolérant, il accepte les opinions différentes, il est honnête ; il est sincère ; il est incapable de faire une mauvaise action ou de dire une méchanceté, une parole méchante. Il est toujours poli. Poli avec les grands et les petits. C'est le fils idéal, c'est le mari idéal, c'est l'homme idéal. Est-ce que Pierre existe ?
Pierre est très antipathique. Toujours silencieux, triste, ennuyeux, il est égoïste ; lui d'abord. Il n'est pas sincère, c'est un menteur qui ment pour faire du mal aux autres. Il est impatient, impoli, intolérant. Il crie quand on n'a pas les mêmes idées que lui. Il est parfois malhonnête et on n'a pas envie de connaître un homme comme lui.
Jean-Pierre est un garçon ordinaire, ni méchant ni gentil. C'est un homme gai et sympathique mais quand il est mécontent, il est désagréable. Il est un peu égoïste mais quand il aime les gens, il peut être généreux. Il est assez honnête, et franc mais il n'est pas très tolérant. Il peut être impoli avec les gens qu'il n'aime pas. C'est un homme, quoi !

25. On barre : 1. une voie – **2.** pareilles – **3.** s'habille bien – **4.** heureux – **5.** a un mari – **6.** fait pleurer – **7.** dans mon lit ; dans ma chambre.

26. Proposition : Oui, je connais mes qualités et mes défauts. J'aime les gens, je peux être gentil et généreux avec eux. Je ne crois pas être égoïste. Je suis honnête et tolérant. Mais je suis impatient, désordonné et souvent imprudent.
Je connais les qualités et les défauts de mes parents et de mes amis. Mes parents et mes amis sont un peu comme moi. Ils sont gentils, généreux, honnêtes. Mais je suis différent de ma sœur qui est très ordonnée. Mon père et ma mère sont très patients avec leurs enfants, et mes amis sont plus prudents que moi.

Les prépositions et les adverbes

27. 1d – 2a – 3e – 4g – 5c – 6b – 7f.

28. 1. Dans deux ans, **elle sera** encore aux États-Unis. – **2. Dans** deux jours, **il neigera** sur la ville. – **3.** L'année **dernière elle est allée** au Japon. – **4.** J'ai passé un examen la semaine **dernière**. – **5. Demain, elle ira** au cinéma. – **6.** Elle sort **rarement**. – **7.** Elle ne déjeune **jamais** au restaurant. – **8.** Elle rentre chez elle **avant** 7 heures du soir.

29. Proposition : Elle était encore malade *il y a* deux jours. Elle va se marier *dans* un mois. *Aujourd'hui*, je vais aller à la piscine. Nous irons au cinéma *demain*. Nous avons déménagé *hier*.

30. 1. dehors – **2.** loin – **3.** beaucoup, peu – **4.** devant – **5.** derrière – **6.** dedans – **7.** hier, avant-hier, demain, après-demain.

31. 1b – 2b – 3c – 4c – 5a.

32. Proposition : Aujourd'hui, je suis chez moi, à Paris. L'année dernière, il y a exactement un an, j'étais en Pologne. Je travaillais. Je présentais des livres à la foire du livre de Cracovie. J'étais seul et ma famille était en France. Dans un mois, je serai à Paris, mais dans quelques mois, au printemps, je ne serai pas là où je suis en ce moment. J'irai dans un autre pays européen, peut-être dans un pays du Nord. Je quitte souvent mon pays. Je voyage seul, parfois avec un ou deux amis.

Les verbes

33. 1e – 2g – 3a – 4h – 5b – 6d – 7c – 8f.

34. 1f – 2e – 3g – 4a – 5h – 6d – 7c – 8b.

35. 1. recevra – 2. déteste – 3. trouvé – 4. finit – 5. ouvre – 6. ai refusé – 7. descendez – 8. debout – 9. je me lève.

36. Bonnes réponses : 1. c'est aller près de lui – **2.** la pièce devient claire – **3.** elle rit – **4.** elle ne sait pas où sont les clés – **5.** c'est interroger – **6.** aller loin de cet endroit – **7.** on donne de l'argent – **8.** je dis oui.

37. 1. détester – 2. économiser – 3. prêter.

38. allume, il se lève, éteint, sort, ferme, descend, arrive, commence, refuse, arrive, ouvre, rentre, il se couche.

39. 1. le commencement et la fin – 2. une dépense et une économie – 3. l'ouverture et la fermeture – 4. le rire et les pleurs (ce mot est généralement au pluriel, mais aujourd'hui, on utilise un autre mot : les larmes) – 5. la vente et l'achat – 6. le départ et l'arrivée – 7. le coucher et le lever – 8. la sortie et l'entrée.

40. Proposition : 1. a) Je commence un livre. / Je commence à lire un livre. – **b)** J'ai fini mon histoire / j'ai fini de raconter mon histoire. – **2.** Nous partons pour Sydney / et nous arriverons à Sydney demain. – **3.** J'entre dans la salle d'examen / je sortirai de cette salle dans 4 heures. – **4. a)** J'accepte votre invitation. / J'accepte d'aller chez vous ce soir. – **b)** Je refuse le verre de vin. / J'ai refusé de prendre un verre de vin. – **5.** Annie a prêté de l'argent à Marie. / Marie rendra l'argent à Annie la semaine prochaine. – **6.** Le touriste pose un question au guide. / Le guide répond au touriste.

41. 1. mal – 2. mal – 3. mauvaise – 4. mauvais.

42. 1. bien, mal – 2. bien, mal – 3. mauvaise, bonne, bien – 4. bonne – 5. mauvaise.

43. 1b – 2c – 3b – 4c – 5c – 6b.

44. Proposition : Je suis sorti sans manteau et il faisait froid. Et maintenant je ne me sens pas bien, je me sens mal, je suis malade, j'ai un rhume, je suis enrhumé. Je tousse (hum, hum, hum), j'éternue (atchoum, atchoum), j'ai besoin de plusieurs mouchoirs, je me mouche tout le temps, j'ai peut-être de la fièvre (39°), je passe de mauvaises nuits, je respire mal. Dans huit jours, je serai guéri.

45. Proposition : Je me lève à 7 heures du matin. Ma journée de travail commence à 9 heures. J'allume tout de suite la radio et j'écoute les nouvelles du jour. Parfois j'allume mon ordinateur pour finir un travail. Je sors de chez moi à 8 heures, je ferme toujours la porte à clé. Très souvent je reviens pour vérifier si la porte est fermée. Je descends l'escalier à pied. Il y a un ascenseur dans mon immeuble mais j'habite au deuxième étage et ce n'est pas très haut. Pour aller au bureau, je prends généralement le métro. Je n'entre pas dans les magasins avant d'aller au bureau, je n'achète rien. J'économise mon argent. Je suis dehors de 8 heures du matin à 6 heures du soir. Ma journée de travail finit à 6 heures. Je rentre chez moi à 7 heures du soir et je me couche généralement à 1 heure du matin. Je dors bien.

Les contrastes

46. 1. le sud – 2. le nord – 3. l'ouest – 4. l'est – 5. sud – 6. nord – 7. l'est – 8. nord.

47. 1. pointus – 2. plate – 3. arrondis – 4. à l'intérieur des terres – 5. Nice est une ville où le soleil brille souvent – 6. souvent gris – 7. du soleil et de la chaleur – 8. à l'huile – 9. en Provence – 10. dans les Alpes – 11. du lait.

48. 1. tiède – 2. variable – 3. continue – 4. mouillés – 5. brève.

49. 1. chaude – 2. chaleureux – 3. agitée – 4. silencieux – 5. fausse.

50. Proposition : La Pologne est au centre de l'Europe. Elle est entourée de plusieurs pays. Au nord-est et à l'est elle a de nombreuses frontières avec la Russie et la Lituanie, la Belarus et l'Ukraine ; à l'ouest, le fleuve Oder la sépare de l'Allemagne ; au sud, les monts des Sudètes et des Carpates la séparent des républiques Tchèque et Slovaque. La Pologne est une grande plaine basse avec la mer Baltique au nord et des montagnes au sud. Dans le nord de la Pologne, on trouve de très nombreux lacs. La Pologne a plus de 9 000 lacs. Elle compte 9 000 lacs.

51. Proposition : Le climat de la Pologne : Il y a quatre saisons. Le printemps commence en mars. Il est assez froid au début et puis il devient plus doux. L'été est parfois chaud. L'automne est chaud aussi jusqu'en octobre et il devient humide et froid en novembre. L'hiver est froid (– 15 à – 20°) et il neige très souvent. Mais ce climat est très variable et il peut changer d'un jour à l'autre, d'une année à l'autre.

52. Horizontalement : 1. orage – **2.** faux – **3.** hiver – **6.** bavarde – **10.** arrondi – **13.** tempérée.
Verticalement : I. ouest – **II.** bois – **IV.** gris, variable – **VII.** froide – **X.** tiède.

53. 1c – 2c – 3b.

54. Je pars pour l'Allemagne. Je voyage en train. J'aime le train. On a le temps de regarder le paysage. Bien sûr, quand on est en TGV, ça va très vite, mais il n'y a pas encore de TGV entre la France et l'Allemagne. Je suis seul dans le train. Je vais voir des amis à Ulm, dans la région du Bade-Wurtemberg. Je roule donc vers l'est. Nous sommes en janvier et il fait très froid. De temps en temps on voit de la neige dans les champs. Quand on quitte Paris, le paysage est plat ; mais peu à peu des montagnes apparaissent. Je suis heureux.

BILAN IV

----

1 1. vrai – 2. faux.

2 chaud et froid / soleil et pluie / basses et hautes / rapide et lente / animée et tranquille / maigres et gros / facile et difficile / achète et vend / riches et pauvres

2 • 2 Du pareil au même : les synonymes

Les synonymes : des mots qui ont (presque) le même sens. Les équivalents de avoir et il y a

1. 1. Le soleil brille aujourd'hui – **2.** La neige tombera demain *ou* il neigera demain – **3.** … le vent souffle. – **4.** … un beau feu brûle dans la cheminée. – **5.** portent – **6.** elle tient – **7.** Des livres couvrent le canapé.

2. tombe, souffle, tiennent, portent, couvrent, brille.

3. 1. brillant – **2.** le souffle – **3.** brûlant.

4. 1a – 2c – 3b – 4c – 5b.

5. Proposition : Je suis indienne et dans mon pays, l'Inde, il y a quatre saisons. Une saison sèche et fraîche de décembre à février, une saison sèche et très chaude de mars à mai, une saison des pluies, saison de la mousson qui commence en juin dans le sud de l'Inde et à la mi-juillet dans le reste du pays, et une saison, plus sèche qui recommence à devenir fraîche après la mousson.
Pendant la mousson, il pleut beaucoup. Le vent souffle avec violence. Il souffle de la mer vers la terre et il apporte avec lui des fortes pluies, des cyclones et des orages. Il pleut tous les jours. Le temps reste pourtant chaud. La température monte à 30 ou 35° et les nuits sont chaudes. Il fait 26°.

Les équivalents de faire

6. 1. Elle étudie les mathématiques à Yale. – **2.** Elle voyage toute l'année. – **3.** Elle cuisine le dimanche. – **4.** Tu te trompes ! – **5.** J'économise – **6.** vous promener – **7.** vous visiterez l'Amérique du Sud – **8.** photographier la rue, les gens, la ville – **9.** Combien mesure-t-elle ?

7. voyager, prépare, organise, visiter, étudient, prendra, se promènera.

8. 1c – 2c – 3b – 4b et c – 5c.

9. 1. un (e) étudiant(e) – **2.** la promenade (action de se promener), un promeneur (une personne qui se promène) – **3.** la préparation – **4.** l'organisation.

10. Proposition : Je vais au supermarché parce que j'ai besoin d'une paire de chaussettes, d'un tube de dentifrice et de mouchoirs en papier. À la caisse, il y a toujours beaucoup de monde, il y a beaucoup de gens dans la file et je fais la queue. Mais je suis patiente et j'attends mon tour. Enfin, j'arrive à la caisse et je sors ma carte de crédit. Je paye toujours avec une carte de crédit.
Je tape mon code sur la petite machine et j'attends mon ticket de caisse. La caissière met la paire de chaussettes, le tube de dentifrice et le paquet de mouchoirs dans un sac en plastique. Et elle me donne le sac et le ticket de caisse. Je dis « merci » et je quitte le supermarché.

Les équivalents de mettre

11. 1. Elle a accroché un tableau au mur. – **2.** Elle a enfilé un gilet. – **3.** commencent à travailler – **4.** nous postons beaucoup de cartes – **5.** Je range mes papiers – **6.** je m'habille – **7.** Je pose mes lunettes – **8.** Il glisse la carte.

12. je commence à faire, j'enfile un peignoir, je pose ma tasse, je m'habille, je range, j'accroche le peignoir. Je mets mon manteau, je glisse la lettre que je vais poster.

13. 1. Bonne réponse : enlever ses vêtements – **2.** retrouver dans sa mémoire le passé – **3.** une enveloppe est une pochette de papier pour mettre une lettre.

14. 1. Le petit garçon mesure 1,20 m. – **2.** Le touriste prend des photos. – **3.** Une jeune fille accroche un vêtement. – **4.** Il/Elle poste une lettre.

15. Proposition : Je glisse la lettre dans l'enveloppe, mais je n'ai pas de timbre, j'ai besoin d'un timbre. Je vais dans un bureau de tabac, j'achète un carnet de timbres et je colle un timbre sur l'enveloppe. Ensuite je mets ma lettre dans un boîte aux lettres.

Des adjectifs et leurs synonymes

16. 1. chaud – **2.** gentil – **3.** sympathique – **4.** bête – **5.** bon – **6.** sincères, francs – **7.** jolie.

17. 1. belle – **2.** chic – **3.** tranquille – **4.** violent – **5.** certain – **6.** tendres – **7.** sincère, gentille – **8.** sympathique – **9.** acteur.

18. 1. délicieux – **2.** immense – **3.** excellent – **4.** brûlant – **5.** adorable – **6.** magnifique.

19. 1b – 2c – 3c.

20. 1. la douceur – **2.** l'élégance (f.) – **3.** la franchise – **4.** la gentillesse – **5.** la sincérité – **6.** la stupidité – **7.** la sympathie – **8.** la tendresse – **9.** la tranquillité – **10.** la violence.

21. Proposition : J'aime beaucoup le théâtre et je vais souvent au théâtre, voir des pièces d'auteurs anciens, d'auteurs modernes. J'aime Racine et Molière, Shakespeare et Lorca, Pirandello et Kleist, Tchekhov, Beckett et Ionesco… J'aime voir le rideau rouge se lever, j'aime l'odeur des salles de théâtre, j'aime le moment avant le début de la pièce, j'aime entendre les acteurs ; j'aime les acteurs intelligents, chaleureux, généreux. C'était mon rêve : être acteur. J'ai très envie de jouer au théâtre, de monter sur une scène…

Des verbes et leurs synonymes

22. 1. tu sais – **2.** sais – **3.** connaissez-vous – **4.** savez – **5.** connaît, je le connais – **6.** vous savez – **7.** je sais – **8.** connaissent.

23. 1. elle parle, elle parle – **2.** parle – **3.** dit – **4.** parlent – **5.** parle – **6.** dit – **7.** diras.

24. 1. écoute – **2.** écoute – **3.** entendent – **4.** écoutons – **5.** j'entends – **6.** vous entendez – **7.** écoutent.

25. 1. regarde – **2.** voit – **3.** regardez-moi – **4.** a vu – **5.** voit – **6.** regarder – **7.** regarder – **8.** vois.

26. 1. rentres – **2.** entre – **3.** rentre – **4.** entrent – **5.** rentrent – **6.** entrons – **7.** rentre.

27. 1. rue – **2.** route – **3.** route – **4.** rue – **5.** route – **6.** rues – **7.** rue.

28. 1. un fleuve – **2.** rivière – **3.** fleuve – **4.** rivières, le fleuve – **5.** fleuves – **6.** rivière.

29. 1. C'est un grand magasin. – **2.** C'est une petite boutique.

30. 1. Anne aime Jim. – **2.** Anne adore Jim.

31. Bonnes réponses : 1. une partie, un air de musique – **2.** arriver après l'heure donnée – **3.** la personne qui prépare le repas.

32. Proposition : Un metteur en scène fait des films. Il travaille avec des acteurs, des comédiens. Ceux-ci jouent. Les spectateurs verront le film dans une salle. Je vais souvent au cinéma. J'adore le cinéma, j'aime aussi la musique de film, j'en écoute souvent.

BILAN V

❶ 1. faux – **2.** faux – **3.** vrai.

❷ C'est une journée d'automne. *De gros nuages couvrent* le ciel. *Le soleil ne brille pas.* Les gens dans les rues marchent vite. Ils *portent* des imperméables et *ils tiennent* à la main un parapluie. Le vent *souffle.* Mais *j'adore* ce temps. *Je me promène* toujours dans les jardins de la ville et je *prends des photos* du ciel gris, des arbres noirs. Je regarde le ciel, *je pose* mon appareil de photo sur un banc et *je commence à* rêver. Je rêve de voyages. Je *voyage* avec les nuages.

❸ Dans ma tasse il y a du chocolat, un chocolat *délicieux* et *brûlant*. Je suis assise près d'une *immense* cheminée et c'est très agréable quand le temps est *affreux* de regarder le feu monter et jouer.

❹ 1. Je connais cet homme mais je ne sais pas où il habite – **2.** Tu parles beaucoup mais tu ne dis rien.

---

2 • 3 Quand les mots se ressemblent : les homonymes.

Les homonymes : père ou pair ? Mère ou mer ?

1. 1. Voici ma tante. = Je présente ma tante, la sœur de ma mère ou de mon père.
Voici ma tente. = Je montre ma tente, une habitation, un logement en toile pour camper.

2. Cette mère est très calme. = Cette maman n'est ni agitée, ni inquiète.
Cette mer est très calme. = La mer est une masse d'eau, c'est beaucoup d'eau salée.

3. Quel beau champ. = Un champ, c'est de la terre pour la culture ; un beau champ. = C'est un champ où il y de belles plantes, de belles plantations, du blé, des arbres. Quel beau champ ! = Admirez cette terre où il y a de belles plantations.
Quel beau chant ! = Admirez cette belle musique donnée par la voix.

2. 1. père, pair, paires, paires – **2.** près, prêts – **3.** champ, chant – **4.** tante, tente.

3. un maire devant la mer.

4. On barre : 1. une pièce où on prépare les repas – **2.** des chaussures – **3.** un vêtement pour travailler – **4.** un gâteau.

5. Nous passons nos vacances à la campagne. Nous allons dans une maison de famille. Cette maison se trouve dans un village où il y a une seule rue. On arrive dans ce village par une petite route. La maison est au milieu d'un jardin. C'est un grand jardin où les arbres sont très hauts, où des fleurs sauvages poussent ; des marguerites blanches et jaunes, des coquelicots rouges, des bleuets bleus ; il y a aussi des roses, des roses très parfumées, des roses qui sentent très bon. Ce jardin est pour les enfants. Ils jouent, ils montent dans les arbres, ils nagent dans la petite rivière qui passe dans le jardin, qui traverse le jardin. Parfois toute la famille sort du jardin. On va se promener sur la route, on court dans les champs, on cueille des fleurs, on écoute le chant des oiseaux, on regarde les couleurs du ciel. Mais souvent la pluie nous ramène à la maison.

Les homonymes : pot ou peau ? Faim ou fin ?

6. 1. *Quelle faim !* = J'ai très, très faim ! ou : Tu as vraiment faim ! ou : Ils ont très, très faim.
Quelle fin ! = Cette histoire, ce livre, ce roman, ce film finit d'une façon étonnante.

2. *Un pot pour la crème* = Il faut mettre la crème dans un pot. On a besoin d'un pot pour mettre la crème. La crème, c'est peut-être la crème fraîche qu'on mange et qu'on met dans un pot. C'est peut-être aussi une crème pour soigner la peau du visage.
Une crème pour la peau, c'est une préparation utilisée pour soigner la peau.

7. 1. peau, pots – **2.** cou – **3.** coups – **4.** salle, sale – **5.** sans, cent, sang – **6.** fin, faim.

8. On barre : 1. un siège – **2.** un bateau, un animal qui vit dans l'eau – **3.** quelque chose de mauvais à manger / quelque chose qu'on boit.

9. Proposition : Au cinéma tout le monde mange du pop-corn, des esquimaux, des bonbons, mais moi, je ne mange ni pop-corn, ni esquimaux, ni bonbons. Les autres font du bruit, moi je ne fais pas de bruit. Je vais au cinéma pour voir un film. J'aime les films policiers et les westerns.

Les homonymes : maître ou mètre ? Cour, cours, court...

10. 1. Tu as un maître ? = Tu as un professeur à l'école ? Tu as un mètre ? = Tu as un mètre pour mesurer cette pièce, pour connaître sa longueur, sa largeur ?

2. Nous n'avons pas de cour. = Dans notre immeuble, il n'y a pas d'espace pour se promener, pour prendre l'air, se reposer dehors, il n'y a pas de cour.
Nous n'avons pas de cours. = Aujourd'hui dimanche, nous n'avons pas de cours de mathématiques, de cours de littérature. Nous n'avons pas de cours au lycée.

11. 1g – 2d – 3f – 4b – 5a – 6c.

12. 1. sûrs, sur – **2.** verre, vert – **3.** lait – **4.** laid – **5.** maître – **6.** mètre – **7.** cour – **8.** courent – **9.** cours – **10.** courts – **11.** eau, haut.

13. 1a – 2b – 3c – 4b.

14. Proposition : En Allemagne, les enfants de 6 mois à 3 ans peuvent aller dans des crèches, ou dans des jardins d'enfants quand ils ont de 3 ans à l'âge de 6 ans ; ces jardins d'enfants ressemblent à l'école maternelle française.
Ensuite il y a, comme en France, une école primaire qui prend les enfants de l'âge de 6 ans à l'âge de 10 ans. Elle va de la 1re classe à la 4e classe.
Puis, et c'est différent de la France, il y a plusieurs cycles secondaires parallèles.
– Une école secondaire du 1er cycle qui comprend cinq classes et qui donne un enseignement de culture générale *(la Hauptschule)*.
– Une école secondaire du 1er cycle qui comprend six classes et qui donne un enseignement de culture générale renforcée *(la Realschule)*.
– Le gymnasium qui est une école unique polyvalente et qui donne un enseignement de culture géné-

rale intensif. C'est un enseignement de 1er et 2e cycle avec un examen final, un baccalauréat (l'abitur) qui mène à l'université.

– Une école unique polyvalente qui comprend les trois précédentes (la Gesamtschulen).

– La scolarité obligatoire commence à l'âge de 6 ans.

– On entre au collège à l'âge de 10 ans. On reste au collège cinq ans ou six ans.

– On entre à l'université à 19 ou 20 ans.

Les classes sont en général assez grandes et confortables. Il y des endroits où on peut boire du café et d'autres boissons. Il n'y a pas de salles de jeux.

Les homonymes : nom ou nom ? Moi ou mois ?

15. mûrs et mur, toi et toit, nez et né, mai et mais, non et nom, sol et le sol.

16. jeu et je / bond (le nom formé sur le verbe bondir) et bon (le contraire de mauvais) / aile (de l'oiseau) et elle / datte (le fruit du palmier) et date (l'indication du jour, du mois et de l'année).

17. 1. mûr – **2.** murs – **3.** nez – **4.** né – **5.** mois – **6.** moi, toi – **7.** sol, toit – **8.** mais.

18. 1b – 2a – 3a et b – 4c – 5c – 6a.

19. Proposition : J'ai un animal. J'ai un chat qui a quatre jolies pattes noires et blanches. Sur le corps, il a des poils très doux. Beaucoup de gens pensent que les chats boivent du lait. Mais non. Ils ne boivent pas de lait. Ils mangent de la viande comme les chiens, ils mangent du foie, ils mangent aussi du poisson. Mon chat adore rester à la maison, mais il aime aussi parfois aller dehors. Il se promène sur le balcon et puis il rentre. Il ronronne quand on le caresse. Il miaule quand il a faim. Il ne chante pas, il ne vole pas comme les oiseaux. Il s'appelle « Le chat ».

BILAN VI

❶ 1. vrai – **2.** faux – **3.** vrai.

❷ Une femme parle à un homme et elle parle de lui. Pour elle, il est une maison sûre, une maison tranquille (mon toit), pour elle, il est le monde (mon tout). Et la chanson donne des homonymes (toi, toit, mon toit) et des reprises de la lettre « t », (toi, mon tout, mon toit…).

❸ prêt, mère/maire, eau, court /cours, moi, toi, vert, père/pair, fin, sol, salle

❹ Le bar est un endroit où on boit debout ou assis sur des tabourets assez hauts.

Le bar est aussi un poisson.

C'est un beau bar ! = C'est un endroit agréable pour boire.

C'est un beau bar ! = C'est un beau poisson, on va le manger.

3. ON ENTRE DANS LA LANGUE

3 • 1 On croit que c'est pareil mais ce n'est pas pareil

Quand le contexte change le sens

1. 1. routière – **2.** du restaurant – **3.** postales – **4.** à jouer.

2. 1. chaude – **2.** sec – **3.** sombre – **4.** trouble – **5.** légère – **6.** mince – **7.** lourd – **8.** grave – **9.** grave – **10.** des chaussures neuves – **11.** jeune.

3. 1. La valise est lourde /la chaleur est lourde.

2. La blessure est grave. / Elle a une voix grave. / Cette erreur est grave.

3. Le livre est mince. / Cette jeune fille est très mince.

4. Exemples : 1. légèrement froide – **2.** qu'on vient de pêcher – **3.** difficile à porter – **4.** chaud et orageux – **5.** importante – **6.** dramatique – **7.** ma robe de chambre usagée – **8.** un homme âgé – **9.** une jupe qui n'est pas foncée – **10.** pleine de lumière, de soleil – **11.** pure, transparente – **12.** qu'on peut comprendre facilement.

5. 1b – 2a – 3b – 4b – 5c.

6. Proposition :

Mon cher Gustave,

Je suis à Toronto au Canada. Toronto ressemble à une ville américaine. Les rues sont comme à New-York, elles sont perpendiculaires et très longues. La ville est au bord d'un lac, mais il y a beaucoup d'industries autour du lac. Il y a de nombreux musées, de nombreuses universités. À côté de la ville moderne, où les gratte-ciel montent bien haut, il y a un quartier avec des maisons basses et des jardins. Nous sommes en hiver, le ciel est clair mais il fait très froid. J'ai besoin d'un manteau très épais, de gants de laine et d'une écharpe. Je suis quand même bien contente d'être ici. À bientôt.

Quand le pronom change le sens

7. a. 1. t'appelles – **2.** s'appelle – **3.** appelez – **4.** appelle.

b. 1. change – **2.** as changé – **3.** te changer – **4.** se change

c. 1. a mis – **2.** mets – **3.** s'est mis – **4.** nous nous mettons

d. 1. se passe – **2.** passent – **3.** se passe – **4.** avez passé

e. 1. sent – **2.** sent – **3.** se sent – **4.** se sent

f. 1. sert – **2.** me sers – **3.** se sert – **4.** sert

g. 1. tiens – **2.** Tenez – **3.** se tenait – **4.** se tiennent

h. 1. trouve – **2.** a trouvé – **3.** se trouve – **4.** j'ai trouvé, se trouve.

8. s'appelait, se trouvait, se tenait, se sentait, tenait, sentait, appellerais, trouvé.

9. 1b – 2a – 3a – 4a et b.

10. Proposition : Je me souviens de mes rêves. J'ai parfois des rêves agréables, mais parfois je fais des cauchemars, j'ai des rêves horribles. Ça se passe souvent sous la terre, j'avance avec difficulté sur le ventre, je ne peux pas respirer, j'arrive au bout d'un couloir étroit et bas et il y a un trou devant moi, un trou immense. Je cherche un ami. Je l'appelle, il va m'aider. Mais il n'y a personne, je suis seule. Je ne peux pas aller en arrière, je ne peux pas reculer, je ne peux pas avancer, je me sens mal, j'ai peur et… heureusement je me réveille.

Quand le complément change le sens

11. 1. confectionne – **2.** pratique le judo – **3.** étudie – **4.** range – **5.** visiterons – **6.** parcourt.

12. 1. Il s'est habillé – **2.** J'ai posé – **3.** J'ai passé beaucoup de temps – **4.** Elle range ses livres.

13. 1. je vais sortir – **2.** j'utilise – **3.** Il a grossi – **4.** Il s'est enrhumé – **5.** Il a emporté – **6.** Ne touche pas à – **7.** nous nous engageons sur – **8.** elle se douche (se lave), elle se baigne (se lave).

14. sortez, marchez, vous ne grossirez pas, emporte, parcourt, s'arrêtant souvent, acheter, prépare.

15. 1h – 2g – 3e – 4c – 5b – 6a, 7f.

16. 1b – 2c – 3c – 4c – 5b.

17. Je ne fais pas souvent des gâteaux. J'en fais quelquefois. J'aime prendre la recette dans un livre de cuisine pour essayer quelque chose que je ne connais pas. En général, j'utilise de la farine, du sucre, du beurre, du chocolat (j'aime beaucoup les gâteaux au chocolat) ; je fais parfois des tartes et alors j'utilise des fruits frais. Par exemple, je peux faire un gâteau que j'adore et qui s'appelle la tarte Tatin ; c'est une tarte aux pommes vraiment délicieuse.

Quand la préposition change le sens

18. 1. tient un jouet – 2. tient à – 3. tiens à – 4. pense à – 5. pensez – vous de – 6. penser à – 7. penses de.

19. 1. jouent – 2. jouent au ballon, jouent aux billes – 3. parle, parle – 4. parler à – 5. parlons de moi, de lui, de la vie, de l'amour – 6. joue du piano, du violoncelle et de la flûte – 7. lui parle.

20. 1. commencerons l'examen – 2. Nous avons commencé à lire – 3. j'ai commencé par la troisième – 4. Il commence à neiger – 5. vous passez trop de temps – 6. Il est passé par – 7. je passe par la rue.

21. 1. défend son client – 2. défend à ses enfants de jouer – 3. défendent leur pays – 4. défendu de fumer – 5. défend aux habitants… de déposer – 6. défendent la nature.

22. 1g – 2f – 3i – 4b – 5c – 6j – 7e – 8d – 9h – 10a.

23. 1c – 2c – 3a – 4c.

24. Proposition : Je n'ai jamais fait de stage. J'imagine un stage dans un théâtre. Le stage durera un an, on ne me payera pas, mais j'apprendrai beaucoup de choses sur les acteurs, sur les pièces de théâtre, sur les auteurs.

BILAN VII

❶ (l. 1) mince, fine (l. 2) souple, vif / (l. 5) petit (l. 2) faiblement colorée / (l. 3) éclatant, lumineux, ensoleillé, (l. 4) usagée / (l. 5) âgé.

❷ m'appelle, se trouve, me sens, me sers d'une bicyclette, à, du, aux.

❸ 1. confectionne – 2. range, accroche – 3. Emporte – 4. pratiquons – 5. a grossi – 6. sortir.

---

3 • 2 Les expressions idiomatiques

Les parties du corps

1. 1h – 2f – 3a – 4g – 5c – 6b – 7i – 8d – 9e.

2. 1 et 4 – 2 et 5 ; 3 et 6

3. 1. Rester bouche cousue. – 2. Garder la tête froide. – 3. Faire les yeux doux. – 4. Avoir le cœur sur la main. – 5. Donner un coup de main. – 6. Avoir la langue bien pendue. – 7. Donner sa langue au chat.

4. 1. On peut compter sur les doigts d'une main, cela signifie qu'il n'y en a pas beaucoup.
2. Avoir un cheveu sur la langue, signifie : zozoter.
3. Donner un coup de main = aider.

Les parties du corps (suite)

6. 1f – 2g – 3i – 4h – 5a – 6c – 7b – 8d – 9e.

7. 1. Avoir l'eau à la bouche. – 2. Ne rien faire de ses dix doigts. – 3. Claquer des dents. – 4. Avoir l'estomac dans les talons. – 5. À l'œil. – 6. Être bête comme ses pieds. – 7. Mettre les pieds dans le plat. – 8. Coûter les yeux de la tête. – 9. Prendre à cœur.

8. 1. on a l'estomac dans les talons/mettent l'eau à la bouche – 2. le nez sur son travail – 3. à cœur ouvert – 4. bouche bée – 5. la sourde oreille – 6. par le bout du nez.

9. 1. Parler à cœur ouvert. = Parler avec franchise.
2. Claquer des dents. = Avoir peur ou avoir froid.

10. On barre : 1. rester assis ; ne pas changer. – 2. remarquer, observer ; être dans une automobile. – 3. un animal qui a de bons yeux ; une fleur. – 4. La maman ; une amie. – 5. prendre ; donner. – 6. l'ongle d'un animal ; une variété de cerises.

Les animaux

12. 1d – 2f – 3h – 4b – 5g – 6c – 7e – 8a.

13. 1. ils sont comme chien et chat – 2. elle passe du coq à l'âne – 3. donnent la chair de poule – 4. Quand les poules auront des dents – 5. c'est une langue de vipère – 6. J'ai un mal de chien – 7. à pas de loup – 8. Quel peau de vache ! – 9. une faim de loup – 10. une vie de chien – 11. Il faut appeler un chat un chat.

14. 1. avoir une mémoire d'éléphant = avoir une très bonne mémoire.
2. avoir un chat dans la gorge = être enroué(e).
3. revenir à ses moutons = revenir à son sujet.

15. On barre : 1. partir très vite ; retirer de l'argent à la banque. – 2. une femme qui se marie ; la personne… – 3. grave, basse. – 4. un jeune chat ; un jeune canard. – 5. être fatigué(e) ; être ennuyé.

Les couleurs

17. 1d – 2e – 3a – 4f – 5b – 6c.

18. 1f – 2d – 3g – 4h – 5a – 6b – 7c – 8e.

19. 1. j'ai passé une nuit blanche – 2. la bête noire de toute la classe – 3. fleur bleue – 4. donne le feu vert – 5. nous en fait voir de toutes les couleurs

20. 1. et 3 ; 2 et 4.

21. On barre : 1. Une personne enfermée… ; un(e) élève… – 2. un animal ; une pomme de terre. – 3. une personne qui soigne ; la science… – 4. un produit rèche ; un poison.

Les chiffres

23. 1d – 2e – 3b – 4f – 5c – 6a.

24. 1 et 3.

25. 1. tirée à quatre épingles – 2. leur quatre vérités – 3. se mettre en quatre – 4. jamais deux sans trois – 5. quatre à quatre – 6. comme deux et deux font quatre – 7. un de ces quatre – 8. vu trente – six chandelles – 9. faisait les cent pas – 10. les quatre cents coups

26. 1. quatre à quatre / faire les quatre cent coup / dire ses quatre vérités à quelqu'un / se mettre en quatre / un de ces quatre / être tiré(e) à quatre épingles / comme deux et deux font quatre
2. en moins de deux / comme deux et deux font quatre / les deux font la paire / jamais deux sans trois / ni une ni deux

27. On barre : 1. un magazin ; un parti politique. – **2.** le fait de poser quelque chose par terre ; un endroit où on met les ordures. – **3.** un animal ; un gros coussin posé sur le sol.

BILAN VIII

1 **1.** avoir un cœur d'or – **2.** avoir le cœur sur la main – **3.** à cœur ouvert.

2 **1.** avoir un cheveu sur la langue – **2.** avoir la langue bien pendue ou ne pas avoir la langue dans sa poche – **3.** donner sa langue au chat.

3 **1.** avoir les pieds sur terre – **2.** être bête comme ses pieds – **3.** mettre les pieds dans le plat.

4 Une personne : X parle à une autre : Y. La première personne X affirme qu'elle est sincère, elle conseille à Y d'aller se reposer. X dit peut-être une bêtise, mais il faut dire la vérité, Y a une vie agitée, désordonnée ; X lance des regards amoureux à tout le monde. X a l'air étonné, mais c'est la vérité.
Ce sont des paroles plutôt méchantes, antipathiques.

5 **1.** avoir une peur bleue – **2.** avoir des idées noires – **3.** passer une nuit blanche – **4.** voir la vie en rose.

6 **1.** parce que j'ai reçu un coup – **2.** de deux personnes qui ont les mêmes défauts.

3 • 3 Quand on parle dans la rue...

Les emprunts

1. 1. survêtement / placard à vêtements, le vestiaire / la blanchisserie, le teinturier – **2.** distribution – **3.** le grand succès, le mieux vendu – **4.** rouge, du crayon noir pour souligner les yeux – **5.** baladeur – **6.** vedette, entretiens – **7.** céréales.

2. un hot-dog, des chips, et du pop-corn

3. un jean, un tee-shirt et des boots.

4. 1. du jazz – **2.** du rap – **3.** du rock.

5. 1. cameraman – **2.** script – **3.** star – **4.** cow-boys – **5.** western.

6. On barre : 1. on fabrique un bijou ; on fait une plaisanterie. – **2.** on joue avec des bébés ; au football. – **3.** on est sous la tente ; dans un camp de vacances. – **4.** qu'on est enrhumé ; qu'on imite le bruit du train.

7. 1d – 2c – 3b – 4a.

8. On barre ; 1. un patin à roulettes ; un objet rond ; le personnage… – **2.** une fleur ; un jeu de cartes. – **3.** un objet pour écrire.

Les abréviations

10. adolescent sympathique, baccalauréat, mathématiques, le baccalauréat, faculté, après-midi, appartement, réfrigérateur, télévision, dictionnaires, fasciné par, professeurs, cinéma, gymnastique, métropolitain, restaurant,

11. l'hôpital, informations, laboratoire, (topographie =) exposé, radiographies

12. publicité, extraordinaire, climatisation, manifestation, écologiste, automobile, motocyclette.

Les sigles

13. 1d – 2e – 3g – 4a – 5c – 6b – 7f.

14. 1d – 2h – 3e – 4f – 5b – 6a – 7c – 8g.

15. 1. régie autonome des transports parisiens – **2.** Réseau express régional – **3.** Société nationale des chemins de fer français, le train à grande vitesse.

16. Certificat d'aptitude au professorat de l'enseignement du second degré, diplôme approfondi de langue française, français langue étrangère.

17. HLM, tous les autres sigles appartiennent au thème des transports.

18. BD, tous les autres sigles appartiennent au thème des examens.

19. habitation à loyer modéré, réseau express régional, salaire minimum interprofessionnel de croissance, Électricité de France-Gaz de France, parti communiste, parti socialiste, l'Olympique de Marseille, le Paris-Saint-Germain, bande-dessinée.

Les interjections, les onomatopées

21. 1. Deux personnes bavardent, une troisième leur demande le silence, mais les bavards continuent.
2. Quelque chose tombe sur le pied de X. X a mal et le dit avec force. Y ne s'intéresse pas à X.
3. X. éternue, X est enrhumé ; Y montre du dégoût. Il n'a aucune sympathie pour X.

22. 1d – 2e – 3g – 4c – 5b – 6a.

23. 1g – 2i – 3b – 4h – 5c – 6a – 7j – 8e – 9f – 10d.

Les cris des animaux

25. 1. l'abeille – **2.** le chat – **3.** le chien – **4.** le lion – **5.** le pigeon.

26. 1. hurle – **2.** bêle – **3.** chante – **4.** fait cocorico – **5.** hennit.

27. 1d – 2f – 3a – 4b – 5g – 6e – 7c.

28. 1. l'écurie – **2.** l'étable – **3.** la bergerie – **4.** le poulailler.

29. 1. le beuglement ou le meuglement – **2.** l'aboiement – **3.** miaulement – **4.** hurlement – **5.** bêlement – **6.** bourdonnement.

30. 1c – 2d – 3e – 4b – 5a.

31. On barre : 1. un gâteau ; une vieille chaussure. – **2.** le cri du canard ; un animal.

Le langage très familier

33. L'intrus est : se fringuer = s'habiller. Les autres verbes appartiennent au thème du départ.

34. L'intrus est : marrant = amusant. Les autres termes appartiennent au thème de la fatigue.

35. L'intrus est : peinard = tranquille. Les autres mots appartiennent au thème de la bêtise.

36. Cet homme, tranquille, travaillait, amis, amusants, il était déprimé, fatigué, épuisé, il s'en allait, il allait, bavardage, idiots, stupides, vêtements, chaussures, d'argent, d'étonner, assis /fixés, au mieux, allait bien.

BILAN IX

Les emprunts

1 cameraman. Le thème dominant est celui de la nourriture.

2 casting. Le thème dominant est celui du vêtement.

3 jogging. Le thème dominant est celui du cinéma.

Les abréviations

1. publicité – **2.** exposition – **3.** professeur, supérieur/extraordinaire.

Les sigles

1. Régie autonome de transports parisiens – **2.** Le certificat d'aptitude au professorat de l'enseignement du second degré – **3.** Habitations à loyer modéré – **4.** Société nationale des chemins de fer français – **5.** Diplôme approfondi de langue française – **6.** Réseau express régional.

Les interjections, les onomatopées

1. le dégoût – **2.** l'hésitation, l'embarras – **3.** l'indifférence – **4.** l'admiration – **5.** la douleur – **6.** le doute.

Les cris d'animaux

1. la vache, meugler, le meuglement – **2.** l'abeille, bourdonner, le bourdonnement – **3.** le loup, hurler, le hurlement – **4.** le pigeon, roucouler, le roucoulement – **5.** l'âne, braire, le braiment.

Le langage très familier

1. amusant, cet homme – **2.** travaille – **3.** paresseux – **4.** Je suis triste, déprimé – **5.** travail.

N° d'éditeur : 10111024 - CGI - Mars 2005
Imprimé en France par l'imprimerie Hérissey à Evreux (Eure) - N° 98892